80 Trauminseln

... auf denen Sie für immer bleiben möchten

BRUCKMANN

Inhalt

AMERIKA

OZEANIEN

Auf und davon …

So wahr es ist, dass kein Mensch eine Insel ist, wie der Poet John Donne es formuliert hat, so wahr ist es auch, dass die Insel das Fluchtziel schlechthin verkörpert – in philosophischer Hinsicht gar noch mehr als in geografischer. Sie gilt als Ferientraum, als der Ort für Traumferien, weit entfernt von allem und allen. Mit Sicherheit hat sich jeder schon mindestens einmal auf eine einsame Insel gewünscht. Doch was ist dran an diesem wundervollen Bild? Man muss noch nicht einmal so nihilistisch sein wie Karl Kraus – für ihn war »die Welt ein Gefängnis […], in dem Einzelhaft vorzuziehen ist« –, um zu erkennen, dass der Mythos von einem Leben à la Robinson auf einer einsamen Insel stark überschätzt wird. Wir leben im 21. Jahrhundert mit seiner komplexen Gesellschaft und Technologie und sind seit Langem schon nicht mehr fähig, einsam zu leben. Fänden wir uns wirklich auf einer einsamen Insel wieder, würden wir natürlich zunächst die Farben des Meeres genießen, den Schatten der Palmen, den weißen Sand und die Ruhe. Doch schon bald wären wir sehr überfordert damit, Essen zu beschaffen und uns eine Unterkunft für die Nacht zu bauen – vom Feuermachen einmal ganz zu schweigen. Und nach ein paar Tagen würden wir uns tödlich langweilen in den Atempausen, die uns der Überlebenskampf gönnt. Und darum soll diese Vorstellung von 80 Trauminseln der Welt auch anders ausfallen: traumhaft, aber realistisch. Bei der schwierigen Auswahl kam es zu ebenso zahlreichen wie bedauerlichen Ausschlüssen, denn es gibt derart viele Inseln, dass selbst die Bestimmung ihrer Anzahl eine kaum zu bewältigende Herausforderung darstellt. Die Angaben variieren zwischen 750 000 Eilanden und zwei Millionen. Allein Indonesien hat mehr als 17 000, die Philippinen haben immerhin 2100, die Pazifikstaaten bringen es auf 20 000 bis 30 000. In der Karibik liegen circa 500 Inseln, die zu den Bahamas zählen, etwa ebenso viele werden Griechenland zugesprochen – und das in einem so kleinen und geschlossenen Meer wie dem Mittelmeer. Die vorliegende Auswahl war also nicht einfach, deckt nun aber fünf Kontinente ab und wurde geleitet etwa durch Fragen nach dem Klima, der Qualität des Meeres und der Erreichbarkeit, kurz: von Kriterien der Lebensqualität. Um diese möglichst hoch zu halten, musste das Ziel dauerhaft von einer menschlichen Gesellschaft bewohnt sein – ob in einfachen Häuseransammlungen, oder in ganzen Fischerdörfern wie auf Ponza im Tyrrhenischen Meer, auf Rodrigues im Indischen Ozean oder auf Mustique in der Karibik. Zudem sollten die Kandidaten den Status unabhängiger Staaten haben, so beispielsweise Barbados oder das abgelegene Niue. Auch Orte, deren Anziehungskraft sich aus ihrer Geschichte und Kultur speist, wurden aufgenommen, darunter Kos mit seinen antiken Relikten oder Key West mit seiner jüngeren Hemingway-Vergangenheit. Einige unserer Auserwählten, Capri oder Bali etwa, sind berühmte Touristenziele, andere wiederum kennt fast niemand (worauf die meisten im Übrigen stolz sind, weil sie den Erhalt der Natur und der traditionellen Gemeinschaft dem Profitstreben vorziehen). In diesem Band werden zudem Inseln vorgestellt, die Wünsche nach einem »Leben in der Wildnis« erfüllen, die schick und mondän sind, die Aktive begeistern oder vielmehr jene, die auf der Suche sind nach Entspannung und Kontemplation. Das Blättern durch diese Bestandsaufnahme kommt damit beinahe einem Charaktertest gleich: »Sage mir, welche deine Trauminsel ist, und ich sage dir, welcher Typ du bist«. Nicht unerheblich für die Auswahl war aber auch die goldene Regel der Erreichbarkeit. Denn wer mit einem Linienflugzeug oder einem anderen regulären Transportmittel übers Meer ankommt, kann seine Vorfreude erst so richtig genießen. Wenn man aber erst einmal am Ziel ist, ist es wohl noch wichtiger zu wissen, wie man wieder aufwacht, wenn man auf die Erde zurück muss.

2–3 Milos, eine der Inseln des griechischen Kykladenarchipels, punktet mit aussergewöhnlich vielfältigen Stränden und spektakulären Felsbuchten wie der von Sarakiniko.

4–5 Buchten wie die Cala Feola, die von zerklüfteten Felsformationen flankiert werden, ziehen auf Ponza zahlreiche Touristen an.

9 Eine dichte Tropenvegetation bedeckt die kuvenreichen Rock Islands im mikronesischen Archipel Palau, mitten im Pazifik.

10–11 Las Playitas an der Ostküste Fuerteventuras ist ein typisch kanarisches Dorf. Die Insel, unumstritten die sportlichste des Archipels, gilt als Paradies für Wellenreiter, Windsurfer und andere Wassersportler.

12–13 Dieser karibische Bilderbuchstrand ist nicht die einzige Attraktion auf Saint John, einem Mitglied der Amerikanischen Jungferninseln: Im hiesigen Meerespark kann man auch auf einem ausgeschilderten Schnorchelpfad wandeln.

RESTAURANTE

Porquerolles

Hyèrische Inseln ▪ Frankreich

Ein Pastis zum Sonnenuntergang und der Duft der blühenden Macchie in einer Sommerbrise

Dieses Buch wird man sicher an einem einzigen Nachmittag verschlingen: *Die Ferien des Monsieur Mahé* erzählen einen raffinierten Fall von Kommissar Maigret, gespickt mit begeisterten Beschreibungen von Porquerolles. Der belgische Autor Georges Simenon war verliebt in diese Insel, die geformt wie ein Croissant und die Königin des Archipels ist. Er machte am liebsten in der Pension Mas di Langoustier von Madame Sylvie, der Ehefrau seines Landsmanns François Joseph Fournier, Urlaub. Dank Fournier war das von Natur aus schon perfekte Porquerolles einer der ersten Orte weltweit, an dem Umweltschutz viel mehr ist als nur ein Wort – und ist es noch. Fournier, der aus einer sehr armen Familie stammte, fand sein Glück in Mexikos Goldminen. 1912 kehrte er nach Europa zurück und ersteigerte die Insel von der französischen Regierung – für eine Million und einhundert Francs. Porquerolles wurde zu seiner Lebensaufgabe: Stark philantropisch orientiert, schuf Fournier eine landwirtschaftliche Kommune, die nach den Prinzipien der Nachhaltigkeit arbeitete (und zwar lange, bevor dies in Mode kam). Zudem investierte er viel Zeit und Geld, um Zehntausende Bäume zu pflanzen, die der Insel ihr ursprüngliches Gesicht zurückgaben. Porquerolles ging 1963 an Frankreich zurück und steht seither unter dem Schutz des Nationalparks Port-Cros, zusammen mit den beiden anderen Inseln des Archipels, der Halbinsel Giens und 1200 Hektar Meer. Um Brände zu vermeiden, die die wundervollen alten Meerkiefern und die mediterrane Macchie bedrohen, gilt auf der Insel ein Rauchverbot im Freien, und das einzige erlaubte Transportmittel ist das Fahrrad. Damit lässt sich das hiesige Wegenetz hervorragend entdecken: Es führt zu weißen und schwarzen Sandstränden wie der Plage de la Courtade, der Plage de Notre Dame und der Plage d'Argent, zu steilen Felsen, zum Park und zum Fort Sainte Agathe, zu einer alten Mühle und zu dem Dorf, das Porquerolles seinen Namen gab. Hier kann man sich bei Sonnenuntergang einer Partie Petanque und einem Pastis aus Anisschnaps hingeben – genau wie einst Simenon …

14 Seekiefern und Myrtesträucher dominieren das Gesicht der grünen Westküste dieser Hochburg des Naturschutzes unter den Hyèrischen Inseln. Die andere Inselseite wird hingegen von Felsen geprägt.

14–15 Aus der Vogelperspektive ist Porquerolles' Profil am besten zu erkennen: Buchten, Felsvorsprünge und Inselchen wie die kleine, im äussersten Westen gelegene Île du Petit Langoustier mit ihrer Festung.

WISSENSWERTES

- **Staat:** Frankreich
- **Fläche:** 12,5 km^2
- **Entfernung zum Festland:** 4 km (bis zur Halbinsel Giens an der provenzalischen Küste)
- **Bevölkerung:** 200 Einwohner
- **Hauptort:** Porquerolles
- **Klima:** Mediterran; Durchschnittstemperaturen: 27 °C im Sommer, 8 °C im Winter.
- **Landessprache:** Französisch
- **Währung:** Euro

16 Blick auf den Ort, der der provenzalischen Insel mit ihren nur 200 ständigen Bewohnern ihren Namen gab. Dank einer etwa 30 Kilometer langen Küste ist Porquerolles ein beliebtes Ziel für Bootsfahrer. Aber auch Naturliebhaber lieben die Insel wegen ihrer grossen Artenvielfalt, die der Nationalpark Port-Cros schützt.

16–17 Segelboote bevölkern den kleinen Hafen von Porquerolles, der sich zu Füssen des Fort Sainte-Agathe befindet. Von der Aussichtsterrasse der im 16. Jahrhundert zum Schutz vor Piraten erbauten Festung überblickt man die Insel und die gegenüberliegende Bucht in der Nähe von Toulon.

WISSENSWERTES

- **Staat:** Spanien
- **Fläche:** 83,2 km²
- **Entfernung zum Festland:** 141 km (ab Valencia)
- **Bevölkerung:** 9962 Einwohner
- **Hauptstadt:** Sant Francesc Xavier
- **Klima:** Subtropisch-trocken, mit seltenen Niederschlägen im ganzen Jahr.
- **Landessprache:** Katalanisch, Kastilisch
- **Währung:** Euro

Formentera

Balearen ▪ Spanien

Die Düfte und Farben einer ursprünglichen mediterranen Landschaft, zu geniessen ohne jede Hast

Kommt darauf an«, antworten die Inselbewohner, wenn man fragt, wie viel Zeit man für den Besuch Formenteras einplanen soll. Für eine Umschiffung der Insel kann ein einziger Tag reichen, einen zweiten braucht man für das Inselinnere, denn Formentera ist die kleinste Baleareninsel. Sie besteht aus zwei Erhebungen – die höchste von ihnen misst kaum 200 Meter, und getrennt werden die beiden durch eine Landenge.

Man kann sich hier aber auch einen ganzen Monat aufhalten und dabei stets den dringenden Wunsch verspüren, im nächsten Sommer wiederzukommen (und im übernächsten, und in dem danach ...): Man muss sich ja schließlich noch die Blauschattierungen des Meeres einprägen und sich zwischen zwanzig Stränden entscheiden, allesamt unter den schönsten des westlichen Mittelmeers, mit ihren *chiringuito* genannten Buden, die bis zum Sonnenaufgang für Cocktails, Aperitifs und Musik sorgen. Außerdem muss man die Düfte der mediterranen Macchie tief einsaugen, die weiß schimmernden Salinen genießen und, bewaffnet mit Taucherbrille und Schnorchel, die Seegräser bewundern, welche die Untiefen des Meeresschutzgebiets Es Freus de Eivissa y Formentera färben.

Doch nur mit der wunderbaren Landschaft lässt sich diese Erfolgsstory nicht erklären. Formentera ist weniger reich und mondän als Mallorca, weniger wild als Ibiza, weniger traditionell als Menorca, und als einzige Insel des Archipels nur auf dem Seeweg zu erreichen. Dies, so sagt man, ist die Magie der Insel, die Ende der 1960er-Jahre von den Hippies entdeckt wurde. Die Band King Crimson besingt diese Atmosphäre in ihrem Song *Formentera Lady*: »Die graue Hand der Zeit kann mich nicht berühren, solange die Sonne scheint, und wenn die Sterne funkeln, dann komm und befreie mich ... Formentera, du rätselhafte Geliebte«. Formentera verheißt pure Erholung, weil das Nötigste hier das Wunderbarste ist und man nichts sonst zu seinem Glück zu brauchen glaubt.

18–19 *In Rosa-Nuancen schimmernder Sand und Niedrigwasser, das sich zwischen Felsplatten kräuselt: Auch das bietet der Küstenabschnitt unmittelbar neben dem vielbesuchten Strand Illetes im äussersten Nordosten Formenteras – vor allem außerhalb der Hauptsaison.*

19 oben *Das Naturschutzgebiet Ses Salines ist eine der grossen Naturattraktionen der Insel. Früher waren die Salinen das Zugpferd der Wirtschaft Formenteras.*

19 unten *Formentera mag weniger mondän sein als seine Nachbarin Ibiza, bietet aber dennoch zahlreiche Möglichkeiten, sich abends zu amüsieren, etwa in dieser Diskothek nahe dem Strand Migjorn im Gebiet von La Mola.*

Ponza

Pontinische Inseln ▪ Italien

TAGE AUF SEE, DIE NACH SALZ SCHMECKEN – ABENDE ZU TISCH, DIE DER KULINARISCHEN VIELFALT DES MEERES HULDIGEN

Als sich Gott von den Strapazen seiner Schöpfung erholte, so erzählen die Ponzesi gerne, weckte ihn das Gezeter, mit dem sich die Bürgermeister der anderen Inseln über Ponzas Schönheit beschwerten. Gott zeigte sich einsichtig und schuf als Ausgleich Ponzas Bewohner – die großen Seefahrer scherzen gerne und sind gastfreundlich, aber ihr Charakter ist unberechenbar, wie das hier erfundene, bekannte Gericht »Fisch im verrückten Wasser« beweist. Dass die lokale Küche zaubert, macht Ponza zu einem echten Gourmetziel. Während des Festes zu Ehren des Schutzheiligen San Silverio wird die Insel dann gar selbst zum Schauspiel.

Die größte der Pontinischen Inseln, ein wenig bekanntes Juwel im Tyrrhenischen Meer, gründet sich auf die Reste eines unterseeischen Vulkankessels. Zunächst fällt vor allem der Monte Guardia ins Auge, der wie ein natürlicher Balkon in 280 Metern Höhe thront. Dann, ohne Hast, entdeckt man die ganze Insel: im Boot zwischen kleinen romantischen Buchten, zu Fuß in der mit Agaven und Ginsterbüschen gespickten Landschaft, auf durch die Wellen geformten erodierten Vulkanklippen.

Relikte, die bisher nur teilweise zutage gefördert werden konnten, verweisen auf neolithische, etruskische und römische Zivilisationen; die wichtigsten Schätze wurden aus dem Meer geborgen, etwa der Mamozio, ein tolles Beispiel etruskischer Bildhauerkunst, oder zahlreiche römische Amphoren. Die antiken Zisternen am Hafen werden von den Einwohnern noch immer als Lager und Weinkeller genutzt.

Zu den berühmtesten Plätzen zählt auch die sogenannte Schlangenhöhle: Der Legende nach bewachte hier einst ein mythisches Reptil einen ebenso mythischen Schatz. Und ganz in ihrer Nähe öffnet sich ein vor 2000 Jahren in den Fels gehauener Stollen, der einzige Landzugang zur Chiaia di Luna. Letzterer, ein durch ein über hundert Meter hohes Kliff geschützter Kiesstrand, ziert die schönste Bucht des Archipels.

20 Die Promenade an der Mole des bourbonischen Hafens von Ponza wird bestimmt von ihrer charakteristischen Kulisse aus kurvenförmig angelegten, auf zwei Ebenen verteilten Wohnhäusern. Der Hafen wurde in der zweiten Hälfte des 17. Jahrhunderts erbaut und gilt als ein unverfälschtes Beispiel bourbonischer Architektur.

20-21 Die hohen Klippen und die fast rechtwinklig verlaufende Steilwand sind die letzten Überreste einer alten, eingestürzten Caldera, die heute geschützte Anlegestellen für Segler bietet.

WISSENSWERTES

- **Staat:** Latium, Italien
- **Fläche:** 7,3 km²
- **Entfernung zum Festland:** 33 km (ab Circeo an der latinischen Küste)
- **Bevölkerung:** 3110 Einwohner
- **Hauptstadt:** Ponza
- **Klima:** Mediterran, Durchschnittstemperaturen: 27 °C im Sommer, 12 °C im Winter
- **Landessprache:** Italienisch
- **Währung:** Euro

caremar

22–23 Der Hafen von Ponza ist ein pittoreskes Amphitheater aus pastellfarbenen Häusern, das sich zur weitläufigsten Bucht der Insel hin öffnet. Hinter dem Städtchen, auf der anderen Seite, erstreckt sich der berühmte Strand Chiaia di Luna.

23 Die kleinen Tische auf der Terrasse des Orèstorante, der ersten Adresse für Feinschmecker auf Ponza. Hier geniesst man Tartar aus Grossen Bernsteinmakrelen, mit Tintenfischtinte gefärbtes Ccuscous oder Mayonnaise aus Seeigeln.

WISSENSWERTES

- **Staat:** Kampanien, Italien
- **Fläche:** 46,3 km²
- **Entfernung zum Festland:** 22,5 km (ab Pozzuoli am Golf von Neapel)
- **Bevölkerung:** 62 733 Einwohner
- **Hauptstadt:** Ischia
- **Klima:** Mediterran; Durchschnittstemperaturen: 28 °C im Sommer, 12 °C im Winter.
- **Landessprache:** Italienisch
- **Währung:** Euro

Ischia

Phlegräische Inseln ▪ Italien

Ein verwunschener mediterraner Garten voller Jungbrunnen

Die Frauen Ischias – so schrieb ein Reisender im Zeitalter der Grand Tour – sind schön, und unter ihnen sind die aus Barano am allerschönsten. Es ist nicht überliefert, welche sinnliche Erfahrung ihn zu dieser Aussage trieb. Wahrscheinlich aber wurde auch er von der Legende geleitet, die man schon im alten Rom erzählte: Im Herzen der Insel liegt das Dorf Barano inmitten von Hügeln, die Weinstöcke, Felsen und eine mediterrane Macchie überziehen. Hier gibt es eine Quelle, deren magisches Wasser jede Sterbliche in eine wundervolle Nymphe verwandelt. Dem Mythos zufolge verzauberte Apollon eine dieser Nymphen, um sie für eine Beleidigung zu bestrafen. Ihre weißen Glieder lösten sich auf, das Wasser raubte ihr die Schönheit und übergab sie der Ewigkeit.
Mitte des 18. Jahrhunderts entdeckte man nahe der Nymphenquelle von Nitrodi Statuen, die Votivgaben für »empfangene Schönheit« waren. Es handelte sich bei diesem Ort also um eines der ersten Heilbäder der Geschichte. Heute ist die Quelle nur noch eine von vielen, die sich auf der Insel verteilen, zählt aber nach wie vor zu den wahren Schätzen am Golf von Neapel. Im Gedenken an die Antike tragen alle Inselquellen dem Olymp entliehene Namen: Man badet etwa im Schwimmbad des Poseidon oder gönnt sich einen Natur-Saunagang in den Dämpfen der Venusgrotte.
Die moderne Wissenschaft hat die heilenden Eigenschaften des vulkanischen Wassers belegt, und Ischias Thermen sollen die weltweit bekanntesten sein, nicht zuletzt dank der besonderen Aura der Insel. Auch Ischias außergewöhnliche landschaftliche Reize und seine Geschichte tragen zum Erfolg der Kuren bei. In der Hauptstadt Ischia erhebt sich ein wunderbares Kastell, das der Tyrann von Syrakus im 4. Jahrhundert v. Chr. errichten ließ. Die Aragonesen bauten die Burg aus, und im 16. Jahrhundert wurde sie ein Treffpunkt für Dichter und Künstler. Jüngst entwickelte sich das malerische Forio zu einem modernen Parnass, den schon Truman Capote besuchte.
Unweit von hier zog die Insel den englischen Komponisten Sir William Walton und seine Frau Susana in ihren Bann: Sie entschieden sich, der Natur zu trotzen und beauftragten den Landschaftsarchitekten Russell Page mit der Anlage eines ungewöhnlichen Parks. Dieser verwandelte daraufhin einen Lavastrom des Vesuvs in einen Garten mit über 500 tropischen Pflanzenarten. La Mortella zieht jährlich 100 000 Gäste an, und jeden Sommer finden hier Konzerte der namhaftesten Orchester Europas statt.
Ischias Wasser heilt den Körper – sein Zauber heilt die Seele.

24–25 Auf einer kleinen Felsinsel, die schon seit dem 15. Jahrhundert mit der Hauptinsel verbunden ist, thront das Castello Aragonese. Die Festung, die noch immer besucht werden kann, wacht über die bewohnten Zentren der Insel, Ischia Ponte und Ischia Porto. Letzterer Ort ist seit der Antike wegen seiner zahlreichen Thermalquellen als Kurort bekannt.

25 Das Castello hängt über dem klaren Wasser vor Ischia. Jedes Jahr Ende August wird der Fels zum Ziel eines Zuges kostümierter Menschen, die das Fest des Heiligen Alexander feiern.

PIZZA e SFIZZI

26-27 Ein hübscher mit Majolikakeramik verzierter Brunnen plätschert zwischen den kleinen Restaurants in der Altstadt von Ischia Ponte. In dem Städtchen finden sich noch viele Zeugnisse erhabener Architektur aus dem 18. Jahrhundert.

27 Das Dorf Sant'Angelo liegt nahe dem Strand von Maronti an der Südküste Ischias. Von seinem kleinen Hafen aus starten Bootstouren zur benachbarten Bucht von Sorgeto, in der sich das Meerwasser vermischt mit dem Süsswasser der Thermalquellen am Fusse der Klippe.

28 oben Blick auf Sant' Angelo: Lieblingsplatz der Besucher dieses hübschen Fischerdorfes ist seine kleine Piazza, auf der man sich gerne auf eine Erfrischung trifft. Das Dorf im Süden Ischias ist mit einem besonders angenehmen Klima gesegnet.

28 unten Eines der vielen kleinen Städtchen an Ischias Küste, die Touristen aus aller Welt anziehen. Die Geschichte der Insel geht auf 770 v. Chr. zurück, als die Griechen hier nahe dem heutigen Lacco Ameno die erste Kolonie der Magna Graecia in Italien gründeten: Pithecusa.

28–29 Entspannung im Thermalpark Negombo in der Nähe von Lacco Ameno. In der Anlage hat man die Qual der Wahl zwischen verschiedenen Wellnessangeboten und therapeutischen Anwendungen. Ischia hat seinen Ruf als Insel der Thermalquellen schon immer mit einem facettenreichen Angebot gefestigt.

Capri

Kampanischer Archipel ▪ Italien

DAS AZURBLAUE PARADIES DES RÖMISCHEN IMPERATORS TIBERIUS, DER HIER – LANGE VOR ERFINDUNG DIESES BEGRIFFS – DEM »SÜSSEN LEBEN« FRÖNTE

Man sagt Dolce Vita und denkt an Federico Fellinis Rom. Dabei liegen die Ursprünge des »Süßen Lebens« viel weiter zurück und haben nicht Italiens Hauptstadt zum Protagonisten, sondern gewissermaßen eine Provinz: Es war in der Tat ein sehr süßes (und skrupelloses) Leben, das der römische Imperator Tiberius auf Capri führte. Zwölf Villen ließ er hier errichten, jede einem anderen olympischen Gott geweiht; am besten erhalten ist die des Jupiter, die Villa Jovis, erbaut auf einem Felssporn über dem Meer. Von Capri aus regierte Tiberius Rom, wenn er zwischen den zahllosen legendären Festen etwas Zeit dafür fand. Es waren wohl das milde Klima, der Duft der Zitrusfrüchte, die Schönheit und die satten Farben der Landschaft, die der Insel im Golf von Neapel zu ihrem Ruf vom Inbegriff des schönen Lebens verholfen haben. Der Russe Maxim Gorki verbrachte hier goldene Exilzeiten und plante, eine Utopie nach dem Vorbild Capris vor Augen, die Revolution. Einige Jahre später eiferte Curzio Malaparte Tiberius nach und entwarf die Villa Malaparte, die auf dem Capo Massullo steht und in Pompejanisch-Rot leuchtet. Dieses Architekturjuwel nutzte Jean-Luc Godard als Kulisse für einen Film mit Brigitte Bardot, die nebenbei den Capri-Stil prägte: weiße Hosen und typische Sandalen aus Schustereien an der Piazza Umberto I in der Inselhauptstadt Capri. Inoffiziell kommt der Herrscher von Savoyen nicht mehr vor im Namen der Piazza, die das Herz der Stadt bildet. Sie wird einfach nur »La Piazetta« genannt und gilt als wichtigstes der wunderbaren Ziele auf Capri. Die anderen sind etwa das schneeweiße Dörfchen Anacapri, die berühmte, sich zum Meer schlängelnde, blumengesäumte Via Krupp, die Blaue Grotte und die legendären, viel fotografierten Faraglioni-Felsen.

Wer Capris versteckte Schätze entdecken möchte, hat sich trotz seiner geringen Größe viel vorgenommen: Es gibt viel zu sehen, von bezaubernden kleinen Felsbuchten über die alten Forts bis zum Parco Filosofico am Belvedere della Migliera, einem mit Zitaten großer Denker verzierten Labyrinth. Am schönsten ist Capris Dolce Vita aber, wenn man sich treiben lässt, ohne Eile und ohne das Abklappern ausgetretener Pfade. Schon Jean-Paul Sartre wusste: »Capri ist heilig. Es ist nicht wichtig, es gesehen zu haben, es zählt nur, dieses besondere Gefühl hier gespürt zu haben.«

30 Blick auf Capri mit seinen Faraglioni, die Wahrzeichen der weltberühmten Insel. Die Perle des kampanischen Archipels, an der Spitze der Halbinsel Sorrent gelegen, verkörpert das allgemeingültige Ideal von luxuriösem Badeurlaub.

30–31 Die Faraglioni, die sich vor Capri-Stadt erheben, sind drei spitze Felsen, die sich von der Küste abgespaltet haben. Während der römischen Antike verstreuten sich über diesen Teil der Insel prächtige Villen und Nymphenheiligtümer.

WISSENSWERTES

- **Staat:** Kampanien, Italien
- **Fläche:** 10,4 km²
- **Entfernung zum Festland:** 28 km (ab Neapel)
- **Bevölkerung:** 14 082 Einwohner
- **Hauptstadt:** Capri
- **Klima:** Mediterran; Durchschnittstemperaturen: 28 °C im Sommer, 12 °C im Winter.
- **Landessprache:** Italienisch
- **Währung:** Euro

MUNICIPIO
Piccolo Bar Tea Room
LA PARISIENNE
TOD'S
EXCHANGE WECHSEL

32–33 Der Inbegriff einer Piazzetta. Die meisten der tausenden Touristen, die jedes Jahr an den kleinen begehrten Tischen hier Platz nehmen, kennen nicht einmal ihren richtigen Namen. Die Piazza Umberto I., das mondäne Herz Capris, liegt in der Oberstadt und ist vom Hafen Marina Grande aus auch mit der Seilbahn zu erreichen.

33 Capri, Ziel eines gehobenen Tourismus, ist nicht zuletzt ein Einkaufsparadies – die hiesigen Boutiquen begründen Trends. Dieser Ruf geht zurück auf die 1960er-Jahre, als Brigitte Bardot hier den «Capri-Stil» ins Leben rief. Seither gelten weisse, eng geschnittene Hosen und flache Sandalen als die Sommerkleidung schlechthin..

San Pietro

Sulcis-Archipel ▪ Italien

Eine urtümliche Mischsprache, die im Herzen des Mittelmeers ein altes Migrantenepos erzählt

Der Rais, der Chef der Fanganlage für Thunfische, gibt ein Zeichen, die Türen des Corpus schließen sich. Jetzt sind die Thunfische eingesperrt in einem Gefängnis aus Netzen, einer Art riesiger Unterwasserkammer. Das Abschlachten beginnt, das Meer färbt sich rot vom Blut der von den Harpunen tödlich verletzten Tiere. Man braucht für dieses Schauspiel starke Nerven – ein faszinierend blutiger Brauch, seit Urzeiten immer gleich ausgeführt und zwischen April und Mai auf San Pietro mitzuerleben. Doch die Thunfischfänge sind immer seltener geworden mit dem drastischen Rückgang des roten Thunfischs im Mittelmeer.
Die großen Anlagen von Punta auf San Pietro und auf der nahe gelegenen Insel Piana, in denen man den Thunfisch schlachtete und konservierte, sind heute Museen und Touristendörfer. Die Einwohner Carlofortes aber, des einzigen noch bewohnten Ortes auf San Pietro, haben die Fischerei in den Genen. Sie verbindet sie mit ihrer nomadischen Tradition, die sie 1545 von Ligurien hierher und auf die tunesische Halbinsel Tabarka gebracht hat. Der Sultan von Tunesien erteilte ihnen die Erlaubnis zum Korallenfang, und sie ließen sich auf Tabarka nieder. Zwei Jahrhunderte später, nachdem wiederholt barbarische Piratenüberfälle die Kolonie am anderen Ufer des Mittelmeers verwüstet hatten, bot der sardische König Carlo Emanuele III. von Savoyen den ligurischen Fischern auf dem unbewohnten Sulcis-Archipel eine neue Bleibe.
Auf San Pietro zeugt noch heute alles von dieser Vergangenheit: Den Dialekt spicken arabische Ausdrücke, allgegenwärtig ist der große Respekt vor Mutter Natur, ob in den herrlichen kleinen Buchten, die von roten Felsen flankiert und von korsischen Möwen bevölkert werden, oder im Inselinneren. Kaum markierte Wege führen abwechselnd durch Wälder aus Aleppokiefern und eine nach Wacholder und Myrte duftende Macchie. Das malerische Carloforte mit seinen rot gestrichenen Häusern, seinen Stadtmauern und seinen kleinen Gässchen wirkt wie Genua in Miniaturformat. Kaum 300 Kilometer trennen die Stadt von der glitzernden, etwas künstlichen Costa Smeralda mit ihren millionenschweren Villen und Jachten, aber selbst im trubeligsten Sommer fühlt man sich hier noch wie auf einem anderen Stern.

34 oben *Die Inselhauptstadt Carloforte ist mehr ligurisch als sardisch geprägt. Im Dialekt der Thunfischfänger, die den »Rais« unterstehen, sind eindeutig arabische Klänge auszumachen.*

34 unten *Der Strand La Caletta liegt an der Cala Spalmatore, an der Westküste. Den Namen Cala Spalmatore verdankt die Bucht den phönizischen und römischen Seefahrern, die an diesem Ort ihre Schiffe mit Pech versiegelten, auf Italienisch »spalmare«.*

34-35 *An der Westküste thront der Leuchtturm von Capo Sandalo. In den Felsen nisten neben Eleonorenfalken auch Korallenmöwen, die an ihren Schnäbeln – rot mit schwarz-gelber Spitze – und ihren olivgrünen Klauen zu erkennen sind.*

WISSENSWERTES
- **Staat:** Sardinien, Italien
- **Fläche:** 51 km²
- **Entfernung zum Festland:** 6,2 km (ab Portoscuso an der Küste des Sulcis)
- **Bevölkerung:** 6500 Einwohner
- **Hauptstadt:** Carloforte
- **Klima:** Mediterran; Durchschnittstemperaturen: 27 °C im Sommer, 8 °C im Winter.
- **Landessprache:** Italienisch
- **Währung:** Euro

Salina

Äolische Inseln ▪ Italien

ZWEI SEIT JAHRHUNDERTEN ERLOSCHENE VULKANKEGEL IM GRÜNEN HERZEN DER INSEL, BEDECKT VON EINEM FARNTEPPICH

Heute lasst mich einzig nur glücklich sein, mit allen oder ohne sie, glücklich sein mit dem Gras und dem Sand, glücklich sein mit der Luft und der Erde …«. Mit viel Glück bringt jedes Jahrhundert einen Dichter hervor wie Pablo Neruda, der diese Verse geschrieben hat. Das in seiner *Ode an den glücklichen Tag* beschriebene Gefühl wird jeden überkommen, der auf Salina eintrifft und ihre sanfte Natur und ihre Farben entdeckt.

Vielleicht fiel deshalb die Wahl auf Salina, als 1994 *Der Postmann* inszeniert werden sollte, denn einen zwingenden Grund dafür gab es nicht. Der herzzerreißende Film mit den großartigen Schauspielern Philippe Noiret als der gefeierte chilenische Dichter und Massimo Troisi als Postmann hat weltweit das Publikum verzaubert. Die dritte Hauptrolle spielt (zumindest inoffiziell) der Weiler Pollara, der auf einem wie ein Amphitheater wirkenden Felsen hängt – eine Stummrolle zwar, doch eine nicht weniger umjubelte.

Natürlich ist dies nur eines der Wunder dieser herrlichen Insel: Salina ist schlicht eine Welt für sich. Während Vulcano und Stromboli, zwei ihrer übrigens ebenfalls zauberhaften Schwestern, durch das brodelnde Feuer ihrer Vulkane faszinieren, bildet Salina das grüne Herz des Archipels. Die einzigen Hinweise auf ihre vulkanischen Ursprünge sind an die Meeresoberfläche steigende Blasen und der beißende Schwefel, der an Rinellas Traumstrand austritt; ihre Zwillingskegel, die ein mit Farn überwuchertes Tal voneinander trennt, sind seit Ewigkeiten erloschen. Salinas antiker Name Didyme, die Doppelte, geht auf diese beiden Vulkane zurück.

Der fruchtbare Lavaboden beschert der Landwirtschaft reiche Ernten, aus den hervorragenden Trauben wird der charakterstarke Malvasia-Wein gekeltert. Die erdverbundenen Bewohner ziehen denn auch das Land dem herrlichen, fischreichen Meer vor. Sie leben in den drei Gemeinden Santa Maria di Salina, Malfa und Leni oder in typischen weißen Häusern inmitten der Weinberge. Die hiesigen Früchte werden hoch geschätzt, selbst so scheinbar gewöhnliche wie Kapern. Die kleinen, in Salz eingelegten Knospen gehören zu Salinas bekanntesten Exportprodukten, und ihr einzigartiger Geschmack nach Erde und Meer krönt jedes Gericht.

36 Ein spektakulärer natürlicher Torbogen schliesst den Strand von Pollara ab. Über ihm thront das gleichnamige Dorf, Drehort des Filmes Der Postmann mit Massimo Troisi und Philippe Noiret.

36–37 Santa Maria di Salina ist der Haupthafen dieses Mitglieds der Äolischen Inseln. Eine weitere Schiffsanlegestelle befindet sich in Rinella an der Südküste. Salina, dessen Name von einem kleinen See herrührt, aus dem Salz gewonnen wird, ist die zweitgrösste Insel des Archipels, nur übertroffen von Lipari.

WISSENSWERTES

- **Staat:** Sizilien, Italien
- **Fläche:** 26,4 km^2
- **Entfernung zum Festland:** 78 km
  (ab Tropea an der kalabrischen Küste)
- **Bevölkerung:** 2300 Einwohner
- **Hauptstadt:** Santa Maria di Salina
- **Klima:** Mediterran; Durchschnittstemperaturen:
  28 °C im Sommer, 13 °C im Winter.
- **Landessprache:** Italienisch
- **Währung:** Euro

37

38–39 In der Nähe eines Strandes aus Kieseln und schwarzem Sand breitet sich das pittoreske Dörfchen Rinella aus. Unweit von seinem kleinen Hafen findet man ein paar Höhlen im Tuffstein, die früher als Unterstellplatz für Boote genutzt wurden.

39 Wie einem Hochglanzmagazin für Inneneinrichtung entsprungen wirken die in warmen Farben gehaltenen Zimmer des Hotels Signum. Es steht in Malfa, dem aus einem alten äolischen Weiler erstandenen Dorf. Das Hotel bietet ein modernes Spa, seine Hommage an Salinas Ruf als Thermenparadies.

Pantelleria

Italien

DIE SONNE AFRIKAS SEGNET DIE ZIBIBBO-TRAUBE MIT AUSSERGEWÖHNLICHEM AROMA UND BELEBT DEN SÜSSEN PASSITO

Einst nannte man sie »Inselschiff«, weil der Wind über diese Insel fegt, als wäre sie ein Segelschiff –, und zwar an 337 Tagen im Jahr. Darum heißt Pantelleria auf Arabisch auch Bint ar-Riah, Tochter der Winde. Gegen ihre Lavaflanken branden unaufhörlich die aufgewühlten Gewässer der Straße von Sizilien, und so »segelt« Pantelleria, seit der Vulkan, der sie formte, vor 250 000 Jahren seine jetzige Gestalt angenommen hat. In den Jahrhunderten hat ihre Besatzung häufig gewechselt: von Phöniziern über Römer, Byzantiner, Araber, Bourbonen, italienische Befreiungskämpfer unter Garibaldi bis hin zu den Amerikanern am Ende des Zweiten Weltkriegs. Pantelleria ist nicht die Art Insel, auf der die Zeit stehen geblieben ist. Vielmehr beherrscht sie die Zeit, und das ist ein großer Unterschied: Man spürt es, kaum dass man nach einer beschwerlichen Reise übers Meer oder (zuweilen nicht weniger problematisch) mit dem Flugzeug hier ankommt. Das Eiland ist schwarz, ursprünglich und voller Energie, die in schwefelhaltigen Thermalquellen brodelt.

Pantelleria wirkt unwirtlich, aber eigentlich fordert sie nur eine Gegenleistung für ihre Schönheit – sie ist keine Insel für Gelegenheitstouristen. Baden kann man hier noch am ehesten im heißen, wohltuenden Wasser des Venussees im Inland, denn Pantelleria hat weder Strände noch Landzungen. Auch taten sich ihre Bewohner nie als Fischer hervor, und das Meer bewundert man hier meist lediglich aus der Ferne.

Im Inselinneren eröffnen sich surreale Landschaften, dominiert von faszinierenden Erhebungen, den Kuddie, und eingefasst von den Trockenmauern der Weinberge. Aus den hiesigen Muskatellertrauben wird ein mit Bedacht zu genießender Dessertwein gekeltert. Daneben hat die Insel außergewöhnliche Architektur zu bieten: Die Dammusi, die alten, unverkennbar arabisch beeinflussten Bauernhäuser, bergen heute häufig faszinierende Ferienhäuser. Sie erinnern daran, dass Pantelleria nicht nur der letzte Felsen Italiens ist, sondern auch der erste Nordafrikas.

40 Im kleinen Hafen der Hauptstadt drängen sich die Boote, obschon die Bewohner dieses rauen Fleckchens Erde schon immer mehr der Landwirtschaft zugetan waren als der Fischerei. Davon zeugt auch das dichte Netz an Trockenmauern, die die wertvollen Reben vor dem Wind schützen.

40–41 Ein weisses Dorf hoch über dem aufgewühlten Meer. Zu seinen Füssen erstrecken sich terrassierte Weinberge. Mit seiner Bodenständigkeit hat Pantelleria schon viele VIPs erobert, von Sting bis hin zu Gerard Depardieu, der hier qualitativ hochwertige Beerenauslesen keltert. Andere wie Giorgio Armani und der Fotograf Fabrizio Ferri haben rustikale Unterkünfte, sogenannte Damussi, zu eleganten Wohnsitzen umgebaut.

WISSENSWERTES
- **Staat:** Sardinien, Italien
- **Fläche:** 83,02 km²
- **Entfernung zum Festland:** 70 km (ab der tunesischen Küste)
- **Bevölkerung:** 7852 Einwohner
- **Hauptstadt:** Pantelleria
- **Klima:** mediterran, Durchschnittstemperaturen: 28 °C im Sommer, 14 °C im Winter
- **Landessprache:** Italienisch
- **Währung:** Euro

Cres

Archipel Cres-Losinj ▪ Kroatien

GÄNSEGEIER, DIE VON DEN MIT PINIEN BEDECKTEN BERGEN ZU MAJESTÄTISCHEN FLÜGEN RICHTUNG MEER ABHEBEN

Die Römer nannten die Insel Hibernicia, die Winterliche, weil im Dorf Lubenice die Temperaturen immer frisch waren und es seit Menschengedenken hier keinen Winter ohne Schnee gab. Es ist mühsam, das 400 Meter über dem Meer gelegene Lubenice zu Fuß zu besuchen, doch die Schönheit des abgelegensten Dorfes auf Cres lohnt die Mühen. (Auf dem Rückweg führt ein langer, unwegsamer Panoramaweg zu den weißen Häusern von Sveti Ivan.) Im Mittelalter wurden die Steinhäuser von Lubenice in Schiffsform errichtet; ihre Bullaugenfenster erinnern gewissermaßen daran, dass man selbst hier in den Bergen noch das Meer schmecken kann.

Die Insel birgt aber auch noch ganz andere Schätze. An der Kvarner Bucht gelegen, ist Cres sowohl die größte Insel der Adria (66 Kilometer lang, 2 bis 12 Kilometer breit, 268 Küstenkilometer) als auch mit 648 Metern die höchste. Ihre Landschaft ist faszinierend vielfältig: Kiefern- und Eichenwälder, wilde Buchten, steinige Hänge, Täler mit einer üppigen Flora aus 1400 verschiedenen Pflanzenarten ... Ihre Felsen bilden eines der letzten Refugien des majestätischen Gänsegeiers am Mittelmeer; und es gibt sogar einen Süßwassersee. Wer an der Küste entlangwandert, stößt zudem auf Stadtmauern und Dörfer. Die Inselhauptstadt Cres liegt an einer zauberhaften, von massigen venezianischen Befestigungen geschützten Bucht und birgt bemerkenswerte Zeugnisse aus dem 16. bis 18. Jahrhundert, als Cres für die Venezianer ein wichtiger Hafen war.

Noch älter und beeindruckender sind die Orte Osor und Valun, die eine Brücke mit der benachbarten Insel Lussino verbindet. In Osor sind römische und barocke Denkmäler zu bewundern, und es herrscht eine Urlaubsatmosphäre wie in den 1950er-Jahren. Valun hingegen ist gewissermaßen ein Freilichtmuseum, berühmt für die zahlreichen historischen Inschriften in Glagoliza, der ältesten slawischen Schriftsprache. Das Wasser in der heimeligen Bucht von Valun ist übrigens kristallklar.

42 OBEN EINE HANDVOLL HÄUSER UND EIN WINZIGER HAFEN: VALUN GEHÖRT ZU DEN HÜBSCHESTEN ORTSCHAFTEN AUF DIESER SCHMALEN INSEL. EINST WAR SIE MIT IHRER NACHBARIN LOSINJ VERBUNDEN, HEUTE TRENNT EIN KÜNSTLICH ANGELEGTER KANAL DIE BEIDEN INSELN.

42 UNTEN IN DER MITTE DER KVARNER BUCHT TRENNT DER VELEBIT-KANAL DIE INSEL KRK VON CRES. KRK VERBINDET EINE BRÜCKE MIT DEM FESTLAND.

42–43 DUTZENDE INSELN MACHEN DAS KROATISCHE GEWÄSSER ZU EINEM LABYRINTH AUS MEERESARMEN, DIE SICH ZWISCHEN LANDMASSEN HINDURCHSCHLÄNGELN. VON DEN KLIPPEN DES DÖRFCHENS RAVNI AUF DER INSEL RAB, UNWEIT DER DALMATINISCHEN KÜSTE GELEGEN, KANN MAN CRES IN DER FERNE AUSMACHEN.

WISSENSWERTES

- **Staat:** Kroatien
- **Fläche:** 405,78 km^2
- **Entfernung zum Festland:** 5,3 km
- **Bevölkerung:** 3200 Einwohner
- **Hauptstadt:** Cres
- **Klima:** Mediterran.
- **Landessprache:** Kroatisch, aber auch Italienisch ist weitverbreitet.
- **Währung:** Kuna

Hvar

Dalmatinischer Archipel ▪ Kroatien

TRAUMHAFTE KLEINE BUCHTEN UND DER DUFT VON LAVENDEL IN DALMATIENS SAINT-TROPEZ

Die Rose ist der Duft des Herzens, der Lavendel ist der Duft der Seele«: Mit diesen Worten, übersetzt in mindestens fünf Sprachen, werben die Lavendelverkäufer für das typische Hvar-Souvenir: Blüten in handgenähten Säckchen. Denn, ohne den Franzosen zu nahetreten zu wollen, der echte *Lavandula croatica* wächst nur hier, und er zählt zu den aromatischsten Lavendelarten der Welt. Hvar ist ein beseeltes Plätzchen, sanft, sinnlich und inzwischen so glamourös wie nur wenige Inseln Dalmatiens. In den letzten Jahren wurde es von angesehenen internationalen Tourismusmagazinen als das »Saint Tropez der Adria« geadelt.

Hvars Bewohner dagegen bezeichnen ihre Küste gerne augenzwinkernd als »Croat d'Azur«. Und mit einer schönen Küste ist es wirklich reich gesegnet, sieht man einmal davon ab, dass die Strände durch kalkweiße, sich im traumhaft schönen Meer spiegelnde Steinhäuser verdrängt wurden. Hvar ist zudem die längste Insel der Adria und die mit den meisten Sonnenstunden pro Jahr. Und das sind bei Weitem noch nicht alle Vorzüge. Im 4. Jahrhundert v. Chr. gründeten die Griechen hier Starigrad, die »Alte Stadt«. Diese zweite Siedlung auf der Insel lag auf einem Meeresarm in einer landwirtschaftlich geprägten Umgebung mit vielen alten Trockenmauern. Ihre griechischen Gründer gaben ihr den Namen Pharos, nach dem Leuchtturm auf der Landzunge. 2400 Jahre später wurde die Stadt zum UNESCO-Welterbe erklärt.

Das heutige Städtchen, das den gleichen Namen trägt wie die Insel, betört Liebhaber von Geschichte und Kultur ebenso wie Freunde des Mondänen. Hauptattraktionen des Juwels venezianischer Architektur sind eine Festung aus dem 14. Jahrhundert und ein Arsenal. Letzteres wurde 1612 erbaut und zählt zu den ältesten Theatern der Welt. 1868 wurde die »Gesellschaft für Hygiene der Stadt Hvar« gegründet, die – ihrem etwas anrüchigen Namen zum Trotz – als älteste europäische Organisation für die Entwicklung des Tourismus gilt. Damals wurden auch die ersten Hotels gebaut. Heute sind die geschmackvollen Unterkünfte die Blume im Knopfloch eines touristischen Angebots aus raffinierten Restaurants und Nachtlokalen wie dem viel gerühmten »Carpe Diem«, einem der schicksten Treffpunkte des Mittelmeers.

44 Bei einer Bootsfahrt kann man an den Küsten von Hvar und den Pakleni-Inseln vor der Inselhauptstadt Dutzende kleine Buchten mit kristallklarem Wasser entdecken.

44–45 Der Hafen der Stadt Hvar, in der noch immer Spuren des Glanzes der Vergangenheit zu finden sind, gehörte einst zu den florierendsten der Repubblica di San Marco. Die hiesige Festung »Spagnola« wurde Mitte des 16. Jahrhunderts umgebaut.

WISSENSWERTES

- **Staat:** Kroatien
- **Fläche:** 297,37 km^2
- **Entfernung zum Festland:** 38 km
- **Bevölkerung:** 11 500 Einwohner
- **Hauptstadt:** Hvar
- **Klima:** Mediterran.
- **Landessprache:** Kroatisch
- **Währung:** Kuna

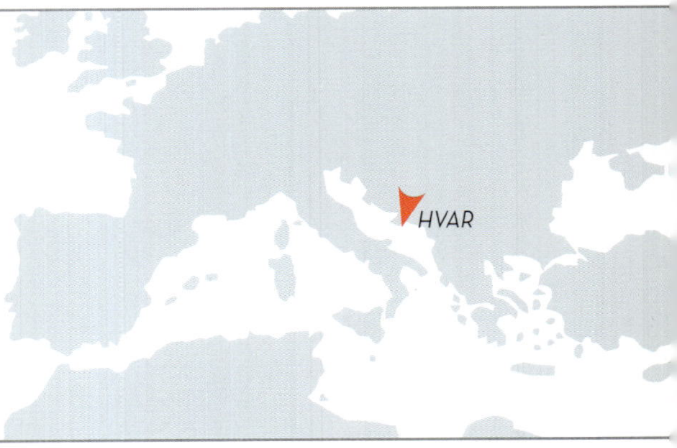

WISSENSWERTES

- **Staat:** Kroatien
- **Fläche:** 98,01 km²
- **Entfernung zum Festland:** 11 km
- **Bevölkerung:** 1100 Einwohner
- **Hauptstadt:** Babino Polje
- **Klima:** Mediterran
- **Landessprache:** Kroatisch
- **Währung:** Kuna

Mljet

Süddalmatinischer Archipel ▪ Kroatien

Die Heimat der Kalypso, die heute mit zauberhafter, unberührter Natur und völliger Ruhe besticht

Viele Gelehrte mühten sich schon damit, das legendäre Ogygia geografisch korrekt zu verorten. Man hielt schon Gozo für diese Insel, auf der Odysseus laut Homer acht lange und sinnliche Jahre den Liebesreizen der Nymphe Kalypso erlegen war, weiter einen Felsen vor der Küste Gibraltars oder Pantelleria. Am glaubwürdigsten ist aber, dass Mljet das reale Ogygia ist. Auf der größten Insel der Adria gibt es eine Meeresgrotte mit saphirblauem Wasser, die eine unvergleichliche Szenerie für die romantischsten Seiten der Odyssee abgegeben hätte.

Schon Mljets Name – er leitet sich ab vom griechischen Melita, Biene, und weckt die Assoziation mit Honig – lässt vermuten, dass es sich um einen gesegneten Ort handelt. Man verliebt sich auf den ersten Blick in die außergewöhnlich grüne Landschaft und das mit schroffen Kalkinseln buchstäblich übersäte Meer. Mit 37 Kilometern Länge und wenig mehr als drei Kilometern Breite erinnert Mljets Form an eine Babuschka-Puppe. Ihre beiden Seen, Veliko Jezero und Malo Jezero, sind in Wirklichkeit zwei Binnenmeere, durch Kanäle mit der Adria verbunden. Im Veliko Jezero liegt sogar eine kleine Insel namens Sveta Marija; auf ihr steht ein im 12. Jahrhundert gegründetes Benediktinerkloster, das Dalmatiens wertvollste Bibliothek birgt. Dieser Kulturschatz (und eine Reihe griechischer, römischer und mittelalterlicher Ruinen) ist Teil des Nationalparks Mljet, der eine üppige, duftende mediterrane Flora schützt. Eichenwälder und Aleppokiefern dominieren das Inselinnere, an der Küste gibt es Ginster- und Myrtesträucher zuhauf. Ein Wegenetz ermöglicht geruhsame Entdeckungstouren zu Fuß, und selbst im August lassen sich noch völlig einsame kleine Felsbuchten zum Baden finden. Sandstrände vor einem kristallklaren Meer hält Mljet mit Saplunara im Süden aber ebenso bereit. Von hier aus sieht man an klaren Tagen sogar die Umrisse der alten Stadt Dubrovnik, ein Schmuckstück am Mittelmeer.

46–47 Der gut geschützte kleine Naturhafen Okuklje, im äussersten Osten Mljets gelegen, ist einer der wenigen Orte auf diesem Inseljuwel, wo noch nie gerodet wurde und die daher von einem dichten grünen Mantel bedeckt sind.

47 Die einzige Strasse, die die Insel in ihrer ganzen Länge durchquert, eröffnet am laufenden Band so atemberaubende Panoramablicke wie diesen auf die Bucht von Prozurska Luka in der Nähe von Okuklje. Da es hier fast keine Unterkünfte für Gäste gibt, ist die Insel – wie ganz Dalmatien – vor allem ein Ziel für Segeltörns.

WISSENSWERTES

- **Staat:** Griechenland
- **Fläche:** 407,58 km²
- **Entfernung zum Festland:** 17,5 km (ab der peloponnesischen Küste)
- **Bevölkerung:** 4[illegible] 500 Einwohner
- **Hauptstadt:** Zakynthos
- **Klima:** mediterran, Durchschnittstemperaturen: 32 °C im August, 8 °C im Januar
- **Landessprache:** Griechisch
- **Währung:** Euro

Zakynthos

Ionische Inseln ▪ Griechenland

Für die Venezianer »Die Blume des Ostens«, der Legende nach der Geburtsort der Venus

Jedes Jahr werden Millionen Terabytes dazu benutzt, den meistfotografierten Strand Griechenlands zu verewigen: Navagio. Dieses Fleckchen weißer Sand, gelegen vor einem grell türkisfarbenen Meer und geschützt von etwa hundert Meter senkrecht emporragenden Kalkklippen, ziert die Titelbilder zahlreicher Griechenland-Reiseführer – und zu Beginn jedes Sommers auch die aller Tourismusmagazine. Den Besuchern von Zakynthos ist also ein Déjà-vu-Erlebnis garantiert.

Den Strand dann live zu bewundern, ist ein echtes Erlebnis und der Höhepunkt eines Urlaubs hier, doch die südlichste der sechs Ionischen Inseln hat noch mehr zu bieten: etwa einen Sprung ins Wasser, Bootsfahrten zu den herrlichen Meeresgrotten in den Felswänden oder Gelegenheiten zur Kontemplation bei der Betrachtung des rostigen Wracks, das der Bucht Navagio ihren Namen gab. Zakynthos kann sich zwar im Hinblick auf die touristische Infrastruktur mit dem größeren Korfu nicht messen – glücklicherweise, wie hier hinzuzufügen ist –, doch der Strand von Laganas bietet auf seinen neun Kilometern alles für den ganz großen Ferienzirkus, und zwischen Ostern und dem späten Oktober sind die Resorts, Lounge Bars und Diskotheken immer voll.

Der Rest der Insel, den es gewissermaßen noch zu erobern gilt, ist dagegen ideal für eine geruhsame Rundreise, mit dem Auto oder besser noch mit dem Motorroller. 14 Tage reichen nicht aus, um sich an jedem Strand zu bräunen, die Dörfer und Klöster im Inselinneren zu entdecken und auf charakteristischen Gutshöfen inmitten großer Weingüter Landurlaub zu machen. Schon gar nicht, wenn man auch noch die Strände der Halbinsel Vassilikos besuchen will, die ein glückliches Gleichgewicht zwischen wilder Natur, entspannter touristischer Entwicklung und respektvollem Umgang mit der traditionellen Architektur an den Tag legen, oder jene, an denen Unechte Karettschildkröten ihre Eier ablegen.

Auch die Hauptstadt Zakynthos' ist einen Besuch wert: Dieses Schmuckstück venezianischer Architektur und maritimer Traditionen hat nicht nur zahlreiche Bauwerke zu bieten. Hier kann man auch einmal einer Aufführung von *kantádhes* beiwohnen, ein sehr gefälliges musikalisches Genre, das kretische Volksmusik mit Oper vereint.

48–49 Die Stadt Zakynthos, die diesem Mitglied der Ionischen Inseln ihren Namen gab, erstreckt sich von ihrem Zentrum um den belebten Hafen aus bis zu den Hügeln. Dort erheben sich die Überbleibsel der venezianischen Festung.

49 Auch wenn sie heute mehr für Ausflüge für Touristen genutzt werden als für die Fischerei, verströmen die hier überall anzutreffenden farbenfrohen Boote doch eine typisch griechische Atmosphäre.

50–51 Navagio, auch »Bucht des Schiffswracks« genannt, ist ein symbolischer Ort für Ferien in der Hellenischen Republik. Vom Aussichtspunkt auf den Klippen im Norden kann man diesen außergewöhnlichen Strand bewundern.

Skopelos

Nördliche Sporaden ▪ Griechenland

Der Drehort von *Mamma Mia!*, riesige Obstgärten und Aleppokiefern und ein Honig, so süß wie ein Sonnenuntergang über der Ägäis

Mamma Mia! mit Meryl Streep und Musik von einer Abba-Kultplatte ist die großartigste Werbung, die der griechische Tourismus jemals bekommen hat, und das auch noch vollkommen gratis. Auf der ganzen Welt versuchten Zehntausende via Reisebüro oder Internet Urlaub auf der Insel Kalokairi zu buchen ... nur um dann festzustellen, dass Kalokairi gar nicht existiert. Die scheinbar retuschierten Szenerien in grellem Grün und Blau, die mit Bougainvillen geschmückten weißen Häuser, die romantischen Felsen, die kleinen Häfen und die Strände aus weißem Sand oder aus perfekt gerundeten Kieseln waren allerdings beileibe nicht nur für die Musical-Verfilmung erschaffen worden, nein: Die Insel gibt es wirklich! Sie heißt nur im wahren Leben Skopelos.

Die größte Insel im Sporaden-Archipel ist zugleich die grünste und am besten duftende in ganz Griechenland. Die hiesigen Pflaumen sollen die süßesten der Welt sein, und der Honig – ein weiteres lokales Erzeugnis, auf das man stolz ist – soll eine außerordentlich aphrodisierende Wirkung haben. Ja, die Natur auf Skopelos ist zügellos: Es gibt hier allein fünf Millionen Aleppokiefern und 50 000 Olivenbäume, von arkadischen Tälern umschlossen oder in Felsen verwurzelt. Dennoch haben die Inselbewohner im Laufe der Jahrhunderte eine menschenfreundliche, reizvolle Landschaft geformt. Davon zeugen die Hinterlassenschaften der minoischen Kultur, so pittoreske Ortschaften wie die Hauptstadt Chora oder das weiß-blau leuchtende Glossa und 129 Kirchen und Kapellen. Und dank des erwähnten Films ist die Kirche von Agios Ioannis sto Kastri mit ihrer Treppe aus 105 Stufen nun weltbekannt und zu einem außergewöhnlichen Ort für Hochzeiten geworden.

Trotz des Erfolgs der letzten Jahre ist Skopelos aber nicht abgehoben. Es hat sich seinen spröden, authentischen Charakter bewahrt und zieht dem Abba-Soundtrack nach wie vor eine Musik vor, die schon immer zur Insel gehörte: *Rembetiko*, in den Tavernen von Chora entstanden, ist ein herzzerreißender Blues, zu dem griechischer Salsa getanzt wird.

52 Der Felssporn, auf den sich die kleine Kirche Agios Ioannis sto Kastri duckt, ragt in den Meeresarm hinein, der Skopelos von Alonissos trennt. Seit hier das Finale des Films Mamma Mia! gedreht wurde, ist die Kirche zu einem symbolischen Ort der Insel geworden.

WISSENSWERTES

- **Staat:** Griechenland
- **Fläche:** 96,23 km²
- **Entfernung zum Festland:** 28 km (ab der thessalischen Küste)
- **Bevölkerung:** 4696 Einwohner
- **Hauptstadt:** Chora
- **Klima:** mediterran. Durchschnittstemperaturen: 25 °C im August, 8 °C im Januar.
- **Landessprache:** Griechisch
- **Währung:** Euro

54-55 Den Hafen von Skopelos-Stadt säumt eine Uferpromenade, an der sich zahlreiche Läden und Restaurants aneinanderreihen. Von hier aus gelangt man hinauf in das beeindruckende Viertel Chora: Der älteste Teil der Stadt wird dominiert von einer Kirche aus dem 17. Jahrhundert.

55 oben Am Hang des Hügels, der sich gegenüber der Stadt erhebt, verteilen sich einige alte Klöster, die man alle besuchen kann.

55 unten Die traditionelle Architektur der Sporaden unterscheidet sich von der auf den Kykladen vor allem durch die sichtbaren Steinoberflächen und die Schieferdächer.

Milos

Kykladen ▪ Griechenland

Die Heimat der Venus von Milo, wo das türkisfarbene Meer zwischen Felsspitzen tanzt

Die Venus von Milo, zuhause im Louvre in Paris, ist die wohl berühmteste Statue des hellenistischen Griechenlands und eine der wundervollsten Darstellungen von weiblicher Schönheit überhaupt. Einzig der Künstler Pierre-Auguste Renoir kritisierte die 2,05 Meter hohe Figur wegen ihrer Gesichtszüge und gab ihr angesichts ihrer Größe den wenig schmeichelhaften Beinamen »Grande Gendarme«, »Großes Mannweib«. 1820 fand sie ein Bauer auf Milos beim Pflügen, in zwei Teilen und ohne Arme. Unklar ist, mit welcher Szene der griechischen Mythologie sie in Verbindung zu bringen ist; die Haltung ihrer linken Schulter aber deutet auf die Siegreiche Venus hin, die Apollon einen Apfel reicht. Dass Milos, der Name ihres Fundorts, Apfel bedeutet, stützt diese Annahme.

Die Venus hat Milos Ruhm gebracht, doch die Insel wirkt noch immer wie ein noch zu pflückender Apfel und blieb bislang vom Massentourismus verschont. Sie verführt mit mehr als 75 herrlichen Stränden und hält damit den Rekord im gesamten Kykladenarchipel, der den äußersten südlichen Ausläufer der Ägäis einnimmt. Nahe dem Inselhafen Adhámas liegt ihr fotogenster Strand, die Bucht von Sarakiniko mit ihren beeindruckend erodierten Felsen und ihrem kristallklaren Meer. Von Adhámas aus kann man die Insel umschiffen und dabei die roten Felsen von Firiplaka und die Steilküste von Kleftiko bewundern. Auch zur Bucht von Papafragos gelangt man so: Ein Bad in diesem Naturschwimmbecken, das nur über den Seeweg zugänglich ist und hinter einem riesigen Felsbogen liegt, ist ein unvergessliches Erlebnis.

Das kostbare Herz der Vulkaninsel aus Bentonit, Kaolin, Perlit, Quarzen, Sulfur und vor allem Obsidian ließ hier in der Antike ein wichtiges Zentrum für den Abbau von Mineralien entstehen. Wer etwas Zeit mitbringt, kann sich in der Ortschaft Plaka in diese Epoche zurückversetzen lassen: Auf zum Meer hin abfallenden Terrassen unter Olivenbäumen findet man archäologische Relikte wie die Katakomben von Trypiti, Zeitzeugen des hellenistischen Zeitalters und des ersten christlichen Jahrhunderts. Auf einer anderen Terrasse erheben sich die Reste eines Amphitheaters in dorischem Stil, das dem Apollon geweiht ist. Vielleicht war ja dies der erste Aufenthaltsort der verführerischen Venus …

56 Von den Hügeln blickt man nicht nur auf ein römisches Theater aus dem 2. Jahrhundert v. Chr. und das Dorf Klima, sondern auch auf den breiten Golf von Adamas. Die alte Caldera trägt den Namen des Haupthafens von Milos.

56–57 Blendend weißer Bimsstein mit seinen vom Wind merkwürdig gestalteten Formen lassen die Bucht von Sarakiniko an der Nordküste wie eine Mondlandschaft erscheinen. Im offenen Meer treibt die Insel Glaronissia, die aus schwarzem Basalt besteht.

WISSENSWERTES

- **Staat:** Griechenland
- **Fläche:** 158 km²
- **Entfernung zum Festland:** 156 km (ab Piräus, dem Hafen Athens)
- **Bevölkerung:** 4800 Einwohner
- **Hauptstadt:** Plaka
- **Klima:** Mediterran; Durchschnittstemperaturen: 28 °C im August, 15 °C im Januar.
- **Landessprache:** Griechisch
- **Währung:** Euro

58 OBEN Bei einem Spaziergang durch die Gassen des hübschen Hauptorts Plaka, in Panoramalage über dem Golf von Adamas gelegen, taucht man zwischen Werkstätten und kleinen Restaurants in die typische Atmosphäre ein, die griechische Inseln verströmen.

58 UNTEN Wie in anderen Küstendörfern hat man auch im Fischerdorf Mandrakia viele alte Bootsschuppen in winzige Apartments verwandelt, in denen man nun einen Steinwurf vom Meer entfernt wohnen kann. Ihre farbenfrohen Rollläden machen die Schuppen noch entzückender.

59 Die schneeweisse Kirche mit ihrem unverwechselbaren Steinturm ist der Panaghía Thalassítra, der Schutzpatronin der Segler, geweiht. Sie wurde 1728 auf dem Gipfel von Kastro errichtet; die befestigte Zitadelle wacht in 280 Metern Höhe über Plaka.

Mykonos

Kykladen ▪ Griechenland

Ein einzigartiger mediterraner Cocktail aus Lebensfreude und der Lust an Ausschweifungen

No Mykonos, no party!«, das wäre der perfekte Slogan für das trubeligste, feierfreudigste Mitglied im Kykladen-Archipel und in der ganzen Ägäis. Dieser Ruf geht zurück auf harmlose Zeiten, als der mondäne Zirkus die Diskretion der Insulaner entdeckte, die Schönheit der Strände, die blendende kubistische Architektur Choras und die zahllosen charakteristischen Windmühlen am Ortsrand. Zu den Protagonisten in diesem Stück zählte unter anderem der Magnat Onassis, zuerst mit Maria Callas, später mit Jackie Kennedy, Elisabeth Taylor, Gregory Peck und Grace Kelly.
Mykonos' Image festigte sich noch mehr, als im legendären Sommer 1973 der US-italienische Künstler Piero Averso die erste Cocktailbar eröffnete, die erklärtermaßen den Homosexuellen Griechenlands gewidmet war. Im »Pierro's«, das es bis heute gibt, glühte einst der Funke der Ausschweifung und setzte eine Energie frei, die seit der Antike geschlafen hatte. Damals ging die Insel, deren Name auf einen Enkel Apollos zurückgeht, noch im Dunstkreis des benachbarten Delos unter. Doch die hiesige Gay Community setzt seitdem die Trends (und beerdigt sie auch wieder) und feiert mit exhibitionistischen Dragqueens legendäre Feten.
Nicht zuletzt durch ihren Charakter als Attraktion für Low-Budget-Reisende hat die Insel weitere Urlaubertypen für sich gewonnen: von Müßiggängern, für die der Tag erst um drei Uhr nachmittags beginnt, und zwar mit einem Bad am Super Paradise Beach, bis zu Schönheitsköniginnen. Von ihren Schwestern im Kykladen-Archipel hebt sich Mykonos mit einem grandiosen, stetigen Wechsel von spektakulären Szenerien und malerischen Winkeln ab. Man findet türkisfarbene Buchten an der Südküste, in Ano Méra, dem einzigen Dorf im Inselinneren, eine kleine Kirche, im Viertel Kastro in der Hauptstadt kalkweiß gestrichene Gassen und in »Klein-Venedig« Häuschen mit Meerblick. Als 1954 ein Fischer einen verletzten Pelikan aus dem Meer zog, tauften ihn die Inselbewohner auf den Namen »Petros« und pflegten ihn dreißig Jahre lang bis zu seinem Tod. Danach schenkte ein deutscher Zoo der Insel einen zweiten Pelikan, »Petros II.«, ein würdiger Nachfolger des Inselmaskottchens.

60 Am Super Paradise Beach ist die Übertreibung Programm, wie der Name schon sagt. Als Unterhaltungszentrum der Insel amüsieren sich hier vor allem die Touristen prächtig, Tag und Nacht. Nur morgens liegt Stille über seinem Sand.

60–61 Die Windmühlen auf dem Kato Myli hoch über dem Dorf sind die Wahrzeichen der Insel geworden.

WISSENSWERTES
- **Staat:** Griechenland
- **Fläche:** 88 km²
- **Entfernung zum Festland:** 150 km (ab Athen)
- **Bevölkerung:** 9320 Einwohner
- **Hauptstadt:** Chora
- **Klima:** Mediterran; Durchschnittstemperaturen: 28 °C im August, 15 °C im Januar.
- **Landessprache:** Griechisch
- **Währung:** Euro

62-63 In den Dörfern auf den Kykladen dominieren in den Gassen und auf den von Tamarisken beschatteten kleinen Plätzen Weiss und Ultramarin, die Farben der griechischen Flagge. Mykonos, das älteste touristische Ziel Griechenlands, bildet da keine Ausnahme.

63 Im Viertel Klein Venedig nehmen die Tischdecken auf den Terrassen der Tavernen am Wasser die Farben der Balkone auf, die übers Wasser ragen. Ein Ouzo, das griechische Nationalgetränk mit Anisgeschmack, schmeckt vor dieser Kulisse besonders gut.

Santorin

Kykladen ▪ Griechenland

WUNDERSCHÖNE WEISSE KÜNSTLERDÖRFER, DIE DEN SCHWARZEN, MIT LAVA ÜBERZOGENEN KÖRPER EINES ALTEN VULKANS TÜPFELN

Der englisch-griechische Begriff *sunsetarides* bezeichnet die Besucher, die von Santorins Sonnenuntergängen einfach nicht genug bekommen können. Es ist aber auch wahrhaft faszinierend, wenn die Sonne in der Dämmerung die schwarzen Felsen und das Meer vor Thira in Flammen taucht. Die hübsche Inselhauptstadt selbst liegt am Hang, inmitten eines Amphitheaters aus Vulkangestein, und die besten Tische auf den Terrassen sind im Sommer auf Wochen ausgebucht. *BBC* und *Lonely Planet* haben Santorin zur coolsten Insel des Jahres 2011 erklärt, wenngleich »hot« in all seinen Bedeutungsnuancen – von »angesagt« bis »großartig« – wohl besser passen würde. Angesagt ist die Atmosphäre des Eilands, für die seine schneeweißen Ortschaften sorgen: Kokons – Watte gleich – hängen sie in den Felsen und bergen (als Resultat einer »nationalpopularistischen« Bewegung vor wenigen Jahren) die schicksten und kreativsten Hotels, Restaurants und Boutiquen aller Kykladeninseln, wenn nicht der gesamten Ägäis. Und großartig sind die Farben der Insel, die den ununterbrochen zu beobachtenden vulkanischen Aktivitäten geschuldet (der letzte echte Ausbruch ereignete sich 1956) sind und von Pechschwarz bis Rostrot variieren – ein atemberaubender Kontrast zum intensiven Blau des Meeres. Manche behaupten augenzwinkernd, ein Strandtag auf Santorin sei wie ein Bad in einem riesigen Aschenbecher, und man solle seine Zeit nicht mit Sonnenbaden verschwenden, wie dies viele etwa bei Perissa und Kamari an den längsten Sandstränden der Insel tun. Lohnender sei es, die Schönheit der Insel von oben zu genießen: beim Bummeln durch die Gassen und über die steilen Treppen von Thira und Oia oder in den ländlichen Ortschaften Exo Gonia und Pyrgos. Ebenfalls sehenswert sind die Ausgrabungen von Akrotiri. Das Pompeji der Ägäis wurde 1560 v. Chr. bei einem dramatischen Vulkanausbruch verschüttet, als ein Teil der Insel buchstäblich explodierte. Die durch die Eruptionen hervorgerufene Flutwelle soll auch die hoch entwickelte minoische Kultur auf Kreta ausgelöscht haben. Nicht zufällig soll nach der Katastrophe der Mythos der Zerstörung von Atlantis hier entstanden sein. Einzige Augenzeugen dieses Ausbruchs sind die kahlen Inselchen Thirassia, Palea und Nea vor Thira – eine spannende Bootsfahrt hierher ist eine Reise in die Zeit einer Zivilisation, die einst in einem Feuerball ihr Ende fand.

64 Der rötliche Strand von Akrotiri liegt im Süden der halbkreisförmigen Caldera, die Santorin bildet und auch die kleinen Inseln Thirassia, Nea Kameni und Palia Kameni einschliesst. Wie die meisten Strände der Insel befindet sich Akrotiri an der äusseren Küste.

64–65 Die Inselhauptstadt Thira demonstriert das herausragendste Merkmal Santorins: eine Architektur, regellos und zugleich von solcher Perfektion, dass sie selbst Le Corbusier inspirierte. Der Meister sagte einmal: »Architektur ist das kunstvolle, korrekte und grossartige Spiel der unter dem Licht versammelten Baukörper.«

WISSENSWERTES
- **Staat:** Griechenland
- **Fläche:** 76 km²
- **Entfernung zum Festland:** 233 km (ab Athen)
- **Bevölkerung:** 13 400 Einwohner
- **Hauptstadt:** Thira
- **Klima:** Mediterran; durchschnittliche Höchsttemperaturen: 30 °C im August, 15 °C im Januar.
- **Landessprache:** Griechisch
- **Währung:** Euro

66 oben Im Dorf Oia im Norden der Insel nimmt eine Flut aus Farben der typischen Kykladen-Architektur etwas von ihrer Strenge. Das Ergebnis kann sich durchaus sehen lassen, wie diese Terrasse beweist: Ihr Tor im Trompe-l'œil-Stil täuscht einen Blick auf den blauen Himmel vor.

66 unten In Oia haben begeisterte Hobbyfotografen die Qual der Wahl: Jeder Winkel, jede kleine Treppe, jeder Platz weist metaphysische geometrische Muster und raffinierte Farbkombinationen auf. Das aussergewöhnliche Licht der Ägäis tut sein Übriges – ein Augenschmaus!

66–67 Die Strassen zwischen den Häusern von Oia Oia sind nicht ganz einfach auszumachen: Da die Gebäude an einer Steilwand aus Lavastein liegen, wirkt der Ort wie ein dichtes Gewirr aus Dächern und Terrassen, und häufig befinden sich die Hauseingänge auf dem Dach. Drinnen empfängt den Gast eine angenehme Kühle, zu verdanken dem Umstand, dass die Räume in den Stein gehauen wurden.

68 Nach Westen ausgerichtet, sind auf Santorin unvergessliche Sonnenuntergänge zu erleben, die mit ihren zarten Pastellfarben wie ein Aquarell von Jean-Michel Folon wirken. So füllen sich denn auch die Terrassen am Spätnachmittag und alle geniessen bei einem Aperitif dieses hinreissende Schauspiel.

69 Seit Jahrzehnten ist die Insel Santorin ein beliebtes Urlaubsziel. Die Stadt Thira birgt eine schier unendliche Zahl an heissbegehrten Unterkünften und Restaurants. Hier verbringt man die Abende beim Genuss von Fischplatten, traditionellen nationalen Spezialitäten oder kühnen Experimenten der Nouvelle Cuisine, die allesamt für immer volle Tische auf den Terrassen sorgen.

Chios

Ostägäische Inseln ▪ Griechenland

Weit mehr als Blau, nämlich auch eine grüne Landschaft, in der das Harz einen magischen Duft verströmt

Die Angelsachsen bezeichnen Chios als »working island«, im Gegensatz zu den vielen griechischen Inseln, die mittlerweile ausschließlich vom Tourismus leben. Ein Beispiel: Die lokale, schon von Herodot beschriebene maritime Tradition brachte die bedeutendsten Reeder Griechenlands hervor. Und auch wenn diese Männer inzwischen in Athen leben und Geschäfte mit Lloyd's in London machen, ist es für sie üblich, einen Teil ihres Reichtums in ihre Heimatinsel zu investieren. Man sollte nicht herkommen, wenn man nur die Tage am Strand verbringen und sich bei Sonnenuntergang in der Taverne einen Ouzo schmecken lassen möchte, denn Ferien auf Chios sind gewissermaßen Arbeit. Seine Postkartenmotive und die türkisfarbenen Buchten verblassen angesichts der Attraktionen, die diese Insel wirklich besonders machen. Homers Geburtsort soll sich etwa hier befinden, behaupten die Bewohner von Chios, und unterrichtet haben soll er am berühmtesten Strand der Insel, der den Namen Daskalopetra trägt, wörtlich »Stein des Homer«. Chios ist besonders schön im April, wenn die sieben lokalen Tulpenarten die Täler im Inselinneren in feuriges Rot tauchen. Im Sommer kann man bei der Mastixernte im Süden der Insel zur Hand gehen – der »Kaugummi der Antike« ist das Harz des endemischen Pistazienbaums (*Pistachia lentiscus*), welcher vor Jahrhunderten ein sehr wertvolles Gut war und eine große Rolle spielte bei der Eroberung der Insel durch die Römer und später die Venezier, Genueser und Osmanen.

Sehenswert ist auch Nea Moni, das »Neue Kloster« aus dem 11. Jahrhundert, das auf einem Berg thront. Die raffinierten Mosaiken im Inneren gelten als einige der besten Beispiele für byzantinische Kunst in Griechenland. Weitere Höhepunkte sind die *mastichoria*, die mittelalterlichen Orte, deren architektonische Schönheit ein Ergebnis des einstigen, lukrativen Harzhandels ist. Ein Kastell mit vier Türmen birgt Mesta, das bekannteste Mastixdorf mit seinem Labyrinth aus Gässchen. Das malerische Pyrgi mit den hübschen Häusern, die geometrische und florale Muster zieren, rühmt sich, der Geburtsort von Christoph Kolumbus zu sein. Dieser soll, wie man hier schwören würde, nicht der Sohn eines genuesischen Webers gewesen sein, sondern ein byzantinischer Prinz …

70 Die Windmühlen auf Chios erinnern daran, dass die Ägäis von heftigen Winden gepeitscht wird. Der Meltemi etwa bläst in dieser Gegend in den Sommermonaten mit ungeheurer Kraft aus Nordwest.

70–71 Zahlreiche Traumstrände sprenkeln die Küste der Insel, die ein schmaler Meeresarm nahe der Stadt Izmir von der türkischen Küste trennt. Diese strategisch günstige Lage kam der Wirtschaft der Insel zugute, die seit der Antike beständig wächst.

WISSENSWERTES
- **Staat:** Griechenland
- **Fläche:** 842,5 km²
- **Entfernung zum Festland:** 7,5 km (ab der türkischen Küste)
- **Bevölkerung:** 52 000 Einwohner
- **Hauptstadt:** Chios
- **Klima:** Mediterran; Durchschnittstemperaturen: 27 °C im August, 11 °C im Januar.
- **Landessprache:** Griechisch
- **Währung:** Euro

72 Pyrgi ist eines der typischen mittelalterlichen befestigten Dörfer in Griechenland, in denen auf Plantagen vielfältige endemische Sorten von Pistazien angebaut werden. Aus diesen wird Mastix gewonnen, ein spezielles Harz, das seit der Antike Bestandteil von kosmetischen und pharmazeutischen Erzeugnissen ist.

72–73 Im Süden der Insel gibt es etwa zwanzig solcher Mastixdörfer, die durch ihre an Schmuckelementen besonders reiche Architektur auffallen: Die Gebäude zieren fantasievolle geometrische Motive, sogenannte Xystá. Sie werden in den Kalkputz eingeritzt, unter dem eine dunkle Sandschicht liegt, die so zum Vorschein kommt und den erwünschten Kontrast bildet.

Kos

Dodekanes ▪ Griechenland

EINE REISE ZUM URSPRUNG DES WELLNESS-GEDANKEN IM SINNE VON HIPPOKRATES, DER KÖRPER UND SEELE STÄRKT

Das Verhältnis zwischen Griechen und Türken ist nicht das beste, das weiß man, doch auf Kos bietet sich da ein ganz anderes Bild: Die zweitgrößte Insel im Dodekanes-Archipel (nur Rhodos ist noch größer) spiegelt sich quasi in Bodrum, dem touristischen Liebling an der türkischen Küste wider – Geschichte, Traditionen und vor allem der Geist der beiden Völker sind miteinander verschmolzen. In Kos' Hauptstadt, die der Insel den Namen gab, zeugen gerade einmal die Ruinen eines von Johannitern erbauten Kastells von der »Verbrüderung« mit Rhodos. Die Relikte des antiken Griechenland hingegen sind eine architektonisch gewinnbringende Allianz mit den osmanischen Moscheen eingegangen. Griechische *kafenions* servieren Ouzo und Apfeltee, und im Gassengewirr findet man, fast wie in den Höhlen des Ali Baba, orientalische Basare, auf denen gelbe Kelims und handgemachte Olivenöl- und Lorbeerseifen angeboten werden. Tatsächlich hat Kos der Nähe zur Türkei in jüngerer Zeit viel zu verdanken, und ein Ausflug auf die andere Seite ist Pflicht. Sein über 2000 Jahre altes Gesicht prägte aber mehr der Umstand, dass Kos als Geburtsort des Hippokrates gilt. Man kann nun natürlich daran zweifeln, ob der uralte Baum hier wirklich der ist, unter dem der Vater der Schulmedizin gelehrt hat. Unumstritten ist aber, dass die Überreste des Asklepieions einst der beeindruckende erste Klinikkomplex der Geschichte waren. Die auf künstlichen Terrassen erbaute, gen Meer und türkische Küste ausgerichtete Stätte dominiert ein Tempel, der dem Asklepios, Sohn des Apollon und Gott der Heilkunst, geweiht ist. Die Anordnung illustriert, welche Bedeutung für den Heilprozess Hippokrates dem Umfeld zugeschrieben hat; sein Ansatz ist heute aktueller denn je. Ferien auf Kos heilen Körper und Geist, dank der üppig grünen Landschaft im Inselinneren, den typischen Dörfern und den wundervollen Stränden. Besonders schön ist der halbmondförmige Strand der Halbinsel Kefalos (der buchstäbliche »Kopf« von Kos) mit seinem strahlend weißen Sand, der sich seinen Namen, Paradise, wirklich verdient hat. Er begeistert Strandfans und Wassersportler und das Meer hier leuchtet in den verschiedensten Blautönen. Man glaubt gerne, dass Kleopatra der erste Tourist auf Kos gewesen sein soll …

74 Nahe dem historischen Hafen von Kos bietet die Marina innerhalb des kleinen Hafens von Mandraki 250 Bootsanlegeplätze. Die bei Rhodos gelegene Insel lockt ganze Touristenströme an.

74–75 Die Halbinsel Kefalos, deren Name auf Griechisch »Kopf« bedeutet, und ihre kleine Insel Kastri liegen im äussersten Westen von Kos. Hier finden sich einige der beliebtesten Strände der Insel wie Paradise.

WISSENSWERTES
- **Staat:** Griechenland
- **Fläche:** 287,2 km²
- **Entfernung zum Festland:** 4 km (ab der türkischen Küste)
- **Bevölkerung:** 31 000 Einwohner
- **Hauptstadt:** Kos
- **Klima:** Mediterran; Durchschnittstemperaturen: 30 °C im August, 10 °C im Januar.
- **Landessprache:** Griechisch
- **Währung:** Euro

76 Das Abendlicht lässt sie noch schöner erscheinen, die Hafenpromenade von Kos, die zum obligatorischen Streifzug zwischen Einheimischen und vor Anker liegenden Booten einlädt. In der Stadt kann man sich im Schatten einer riesigen Platane ausruhen, die der Legende nach vor 2400 Jahren von dem hier geborenen Hippokrates gepflanzt wurde.

77 Auf den ersten Blick unterscheidet sich Kos nicht von den zahllosen Städtchen auf anderen griechischen Inseln, doch es birgt Spuren einer langen, bedeutenden Geschichte. Davon zeugt auch die Johanniterfestung, die im 15. Jahrhundert von Rittern aus Rhodos hier errichtet wurde, um die Angriffe der Osmanen abzuwehren.

WISSENSWERTES

- **Staat:** Griechenland
- **Fläche:** 9 km²
- **Entfernung zum Festland:** 2 km (ab der türkischen Küste)
- **Bevölkerung:** 450 Einwohner
- **Hauptstadt:** Kastellorizo
- **Klima:** Mediterran; Durchschnittstemperaturen: 31 °C im August, 10 °C im Januar.
- **Landessprache:** Griechisch
- **Währung:** Euro

Kastellorizo

Dodekanes ▪ Griechenland

Historisches Flair und schlichte Freuden im bestgehüteten Geheimnis des Dodekanes

Auf dem Dodekanes-Geheimtipp die Atmosphäre vergangener Tage und die einfachen Freuden des Lebens genießen. Der Castello rosso, die im 14. Jahrhundert auf einem rötlichen Felsen erbaute Festung der Ritter des Johanniterordens, gab Kastellorizo ihren Namen. In offiziellen Dokumenten wird die Insel aber nur Megisti genannt, was im Griechischen »die Größte« bedeutet – ein etwas verwirrender Name angesichts der Tatsache, dass dies die mit Abstand kleinste Insel des Dodekanes ist.

Wie dem auch sei: Es gab unter den Griechen nur wenige, die auf einer Karte die genaue Lage von Kastellorzio-Megisti anzugeben gewusst hätten, bis der italienische Regisseur Gabriele Salvatores hier *Mediterraneo* drehte. Der Film, der von einer verwilderten Schar italienischer Soldaten erzählt, die man während des Zweiten Weltkriegs auf diesem Vorposten vergessen hat, erhielt 1991 den Oscar für das beste fremdsprachige Werk. Seit seinem Erscheinen sind mehr als zwanzig Jahre vergangen, doch er hat nichts von seiner suggestiven Kraft eingebüßt.

Seit Salvatores entwickelte sich die Insel von einem Felsen unter vielen in der äußersten Peripherie des Landes zu einem außergewöhnlichen Touristenziel. Heute gilt sie als Konzentrat alles Echten, Pittoresken, Köstlichen und Ursprünglichen Griechenlands. Der Reiz Kastellorizos liegt darin, dass man einen Urlaub lang so tun kann, als existiere der Rest der Welt nicht. Athen ist sehr weit weg, doch nachts scheinen die Lichter der türkischen Stadt Kas so nah, dass man meint, sie berühren zu können. Statt Stränden findet man nur überall spitze Klippen, die den Abstieg zum Meer erschweren, aber schon die Ausblicke von oben sind bezaubernd, und hinter den Felsen sind archaische, orthodoxe Klöster und lykische Gräber zu entdecken. Bunte Häuschen, Tavernen, der Kordoni genannte Kai am Hafen und die Ortschaft, die der Insel ihren Namen gab, laden dazu ein, schlichte, natürliche Freuden zu genießen: Mit einem Sprung ins Hafenbecken etwa feiern die Inselbewohner seit jeher das Fest zu Ehren des Propheten Elias am 19. Juli.

78–79 und 79 Das zerklüftete Relief und die steilen Küsten machen keine Zugeständnisse: Die östlichste der griechischen Inseln in der Ägäis hat keine grossartigen Strände zu bieten und der Zugang zum Meer ist schwierig. Ihre Faszination aber liegt im Kontrast, den diese Rauheit mit der gelassenen Heiterkeit bildet, die in ihren Dörfern zu spüren ist.

80–81 *Häuser in neoklassizistischem Stil und in Pastellfarben, bemalte Türen, Holzbalkone und Satteldächer aus Ziegeln. Sie prägen das Gesicht des Hafens von Kastellorizo, der auch Meghisti genannt wird. Etwa 250 der Häuser sind bewohnt.*

81 *Die gut geschützte Bucht des Hafens blickt auf die türkische Küste, wo am Abend die Lichter der Stadt Kaş auszumachen sind. Trotz ihrer Abgeschiedenheit ist die Insel als Reiseziel seit 1991 äusserst beliebt: Damals wurde hier der Film Mediterraneo von Gabriele Salvatores gedreht, der einen Oscar gewann.*

WISSENSWERTES
- **Staat:** Portugal
- **Fläche:** 448 km^2
- **Entfernung zum Festland:** 1678 km (ab Lissabon)
- **Bevölkerung:** 14 806 Einwohner
- **Hauptstadt:** Madalena
- **Klima:** Subtropisch-feucht; die Durchschnitts-temperaturen variieren ganzjährig zwischen 11 °C und 28 °C. Man sagt, dass man auf den Azoren an nur einem Tag drei Jahreszeiten erleben kann.
- **Landessprache:** Portugiesisch
- **Währung:** Euro

Pico

Azoren ▪ Portugal

EIN AUS DER TIEFE RAGENDER VULKANSPLITTER, ETAPPE DER WALE AUF IHRER LIEBESREISE

Das winzige Lajes an Picos Südküste wirkt verschlafen, die große Kirche am Ende seiner Hauptstraße majestätisch und unverhältnismäßig groß für die wenigen Seelen, die hier noch leben. Dass Lajes einst einer der wichtigsten Häfen der Azoren gewesen ist, zeigt sich erst an der Strandpromenade. Hier erhebt sich das Denkmal eines Walfängers und dreier Schiffe, die eng miteinander verankert sind. In den Verbindungsgängen zwischen den Schiffen zeichnet ein interessantes Museum die Geschichte des Walfangs nach. Anfang des 19. Jahrhunderts brachten amerikanische Seeleute die Walfangindustrie in den Archipel, die für fast 200 Jahre die Wirtschaft der Insel bestimmen sollte. Erst Ende der 1980er-Jahre gab man die Jagd auf, die Tiere entwickelten sich zu einer Touristenattraktion. Heute gehören die Bootstouren zur Walbeobachtung während der Paarungszeit zu den abenteuerlichsten maritimen Lokalattraktionen.
Pico mit seinen Dörfern und tiefen religiösen Traditionen ist eine herrliche Insel, wenngleich nicht gerade ein Reiseziel für Strandnixen, die sich einfach nur im Sand entspannen wollen. Der Name der Insel geht auf den riesigen Stratovulkan zurück, der die Insel dominiert und außergewöhnliche, ebenso mitreißende wie anstrengende Trekkingtouren ermöglicht. Auf 2351 Metern Höhe befindet man sich hier an Portugals höchstem Punkt.

Die Insel wurde geprägt von Vulkanausbrüchen, die einst schwarze, kurios geformte Steine verstreut und tiefe Lavaröhren und Seen in die alten Calderen gegraben haben. Doch der Vulkan hat auch den Boden sehr fruchtbar gemacht, und seit dem 16. Jahrhundert wird hier Wein angebaut. Dank ihrer so entstandenen, reizvollen Kulturlandschaft wurde die Insel 2006 von der UNESCO zur Welterbestätte erklärt. Besucher meiden in der Regel die (wenigen) Hotels und ziehen – verständlicherweise – die Fincas vor, wundervolle Landsitze aus schwarzem Stein, die inmitten von Weinbergen liegen. Umgeben sind die Anwesen von typischen Trockensteinmauern, genannt *currais*, die in perfekter Geometrie angeordnet sind. Auf den Weingütern wird noch Verdelho hergestellt, ein hochwertiger süßer Nektar, sehr beliebt bei kleinen Strandnixen.

82–83 Der architektonische Stil der Kirche Santa Maria Madalena in Madalena, dem bewohnten Zentrum der Insel, erinnert an die portugiesische Mutterkultur im Archipel der Walfänger.

83 Der Vulkan Ponta do Pico, nach dem die Insel benannt ist, dominiert die Landschaft. Mit seinen 2351 Metern ist er der höchste Gipfel Portugals. Auf seiner Oberfläche breiten sich von der UNESCO geschützte Weinberge und wildwachsende Orchideen aus, und seine Hänge bringen auf Trekkingtouren zum Gipfel das Blut in Wallung.

84 Bei der festa dello Spirito Santo in Lajes. In dem Dorf gibt es auch ein interessantes Walfangmuseum zu besichtigen. Heute wird der Walfang hier nicht mehr praktiziert, die Azoren sind vielmehr ein wichtiges Ziel für Whale Watching geworden.

84–85 Eine Windmühle erhebt sich zwischen den aus Lavasteinen erbauten Trockenmauern. Die Mauern schützen die Reben, aus denen der beliebte Verdelho hergestellt wird. Das Schwarz der Lava ist Picos Markenzeichen.

Porto Santo

Madeira-Archipel ▪ Portugal

Magische Spätsommer, in denen riesige Drachenbäume mit gesprenkelten Blättern blühen

Der Drachenbaum, eine »pflegeleichte« Zimmerpflanze, ist unter dem Namen Yucca weithin bekannt. Die wenigsten Besucher werden aber wohl die wild wachsenden Giganten auf Porto Santo als Drachenbäume erkennen: Die Pflanzen hier erreichen eine Höhe von bis zu 15 Metern und öffnen sich wie ein Regenschirm in einer Krone aus Ästen und langen Blättern. Während ihrer Blütezeit im August und September erfüllen sie die Luft mit ihrem intensiven, süßen Duft.

Riesen-Yuccas sind nur eines der Wunder auf der überwiegend trockenen Insel Porto Santo, die zum Madeira-Archipel gehört und eines der bestgehüteten Geheimnisse des Atlantiks darstellt. Die Insel, die zehn Kilometer lang und sechs Kilometer breit ist, wird von sechs Felsen umgeben. Ihr Süden zeichnet sich durch einen langen, malerischen, goldgelben Strand aus, während am nördlichen Hang schroffe, vom Wind zerklüftete Felsen fast senkrecht zum Ozean hin abfallen. Ach ja, der Ozean … Hier an der Küste wird er durch unterseeische vulkanische Aktivitäten erwärmt, und man hat erst kürzlich nachgewiesen, dass das an Magnesium und Kalzium reiche Wasser rund um Porto Santo erstaunliche wohltuende und heilende Eigenschaften besitzt. Außerdem ist das Inselklima ganzjährig mild (die Temperaturen fallen nie unter 18 Grad Celsius), die touristische Infrastruktur hat sich im Einklang mit der Natur entwickelt, und die Bevölkerung ist ebenso gastfreundlich wie stolz auf ihre Seemannstraditionen und ihre Küche, kurzum: Hier würde man gerne für immer bleiben.

Der erste, der dem Ruf Porto Santos folgte, war kein Geringerer als Christoph Kolumbus: Er kam hier auf einer seiner Reisen vorbei und heiratete die Insulanerin Felipa Moniz, Tochter eines Genueser Kaufmanns. Das Haus, in dem er mit seiner Geliebten gelebt hat, steht im Zentrum der Hauptstadt Vila Baleira; heute ist es ein Museum, das seinen Entdeckungen gewidmet ist.

86 oben Ungewöhnliche Steinformationen machen den vulkanischen Ursprung der Insel sichtbar.

86 unten Die Windmühlen nahe Portela sind allgegenwärtig im Landschaftsbild der Insel. Viele von ihnen werden noch immer genutzt.

86–87 50 Kilometer entfernt von der bekannteren Atlantikinsel Madeira liegt Porto Santo. An seiner Südküste dehnt sich ein ununterbrochener Strand aus feinem Sand aus, während die Nordküste von hohen, windgepeitschten Felsen geprägt ist.

WISSENSWERTES

- **Staat:** Portugal
- **Fläche:** 42,48 km²
- **Entfernung zum Festland:** 730 km (ab der marokkanischen Küste)
- **Bevölkerung:** 5482 Einwohner
- **Hauptstadt:** Vila Baleira
- **Klima:** Subtropisch-trocken, ganzjährig wenig Niederschlag.
- **Landessprache:** Portugiesisch
- **Währung:** Euro

WISSENSWERTES

- **Staat:** Spanien
- **Fläche:** 1659,74 km^2
- **Entfernung zum Festland:** 97 km (ab der marokkanischen Küste)
- **Bevölkerung:** 103 000 Einwohner
- **Hauptstadt:** Puerto del Rosario
- **Klima:** Subtropisch-trocken, ganzjährig sehr wenig Niederschlag.
- **Landessprache:** Kastilisch
- **Währung:** Euro

Fuerteventura

Kanaren ▪ Spanien

AUF EINEM DROMEDAR DURCH DIE DÜNEN AM ATLANTIK REITEN UND SICH SAHARA-SAND UM DIE NASE WEHEN LASSEN

Hier nennt man sie nur *calima*. Sie bläst mit Macht, kann hypnotisierend wirken und bringt goldenen Saharasand mit sich. Es regnet fast nie, die Wolken ziehen viel zu schnell vorbei; die bescheidenen Vulkangipfel der Insel können sie nicht stoppen. Bisweilen erahnt man noch nicht einmal den Widerschein der Gewitter, die sich weit draußen auf dem Atlantik entladen. Von allen Kanarischen Inseln ist Fuerteventura Afrika am nächsten, das sieht man sofort: an den Dünen, die sich über 72 Kilometer Vulkanstrand erstrecken und von buchstäblich feinstem Sand bedeckt sind, oder an den Ziegen und Dromedaren, die sich langsam und unbeirrt im Wind vorwärts bewegen. Letztere wurden aus Marokko importiert, um den Inselbauern bei der Feldarbeit zu helfen. Einst, als Fuerteventura noch weniger trocken war, galt es als Getreidespeicher der Kanaren – aus dieser Zeit stammen die malerischen Überbleibsel der Windmühlen. Heute baut man Aloe vera an und exportiert es, denn die auf dem Archipel heimische Sukkulente besitzt heilende Eigenschaften. Man züchtet Kaktusfeigen zur Gewinnung von Schildläusen, deren Farbstoff in der Kosmetikindustrie für Lippenstifte verwendet wird. Und dank der Schafzucht hat Fuerteventura den besten Käse der Kanaren zu bieten. Die Insel ist mittlerweile ein UNESCO-Biosphärenreservat. Die Dromedare sind eine Touristenattraktion und perfekt, um die Naturschutzgebiete im Inland zu entdecken, etwa die Montaña de Tindaya, den heiligen Berg der *guanchos* genannten Ureinwohner. Der erst vor rund vierzig Jahren entstandene Tourismus hat Wohlstand gebracht, ohne Schönheit und Rhythmus der Insel durcheinanderzubringen. Dieses zauberhafte Fleckchen Erde ist beliebt bei Ruhesuchenden, die an einsamen Stränden entspannen möchten, aber auch bei passionierten Windsurfern. Ein Ritt auf den Wellen des Ozeans, während die *calima* bläst, ist selbst mit einem Segelboot eine echte Herausforderung, wie der französische Seefahrer Jean de Bethencourt schon 1405 erfahren hatte. Nach einer stürmischen Reise an Land kommend, rief er aus: »Que forte aventure!«, »Welch große Abenteuer!« – und gab so der Insel ihren Namen.

88–89 Im hübschen Dorf Las Playitas steht zwischen Booten auf dem Trockenen ein ungewöhnliches Denkmal für die Fischer.

89 oben An der Küste der Insel erstrecken sich über 72 Kilometer herrliche Strände. Die Nähe zum afrikanischen Kontinent garantiert ein trockenes, sonniges Klima.

89 unten Auf Fuerteventura, einem Mekka für Wassersportler, stürzen sich jedes Jahr zahlreiche Surfer in die Wellen des Atlantiks.

90–91 Zu einer Zeit, als die Insel noch sehr viel grüner war, war Fuerteventura der Getreidespeicher der Kanarien. Heute basiert ihre Wirtschaft hauptsächlich auf der Züchtung von Aloe Vera und dem Sammeln von Schildläusen, die in der Kosmetikindustrie eingesetzt werden.

91 oben Der Kegel des Caldera de Gairia im Süden der Insel ist erst durch eine Eruption in jüngerer Zeit entstanden. Ihn umgibt das Naturschutzgebiet Monumento Natural Caldera de Gairia.

91 unten Das Städtchen Betancuria, das im 15. Jahrhundert von dem französischen Seefahrer Jean de Bethencourt gegründet wurde, war vier Jahrhunderte lang religiöser und administrativer Hauptort der Insel.

São Vicente

Kapverden

EINE FASZINIEREND VIELFÄLTIGE STADT, WIEGE EINER MUSIK, DIE AFRIKANISCHE EINFLÜSSE MIT DER SAUDADE DES FADO VERWEBT

Ihre ersten *morne*, herzzerreißende Lieder über Traurigkeit, Verlangen und Sehnsucht, lernte die »Barfüßige Diva« mit 16 Jahren von einem Seemann. Cesária Évora, wie sie mit bürgerlichem Namen heißt, ist zweifellos Kapverdens berühmteste Bewohnerin, und ihre Herkunft war ihr stets sehr wichtig. Geboren wurde sie in einem portugiesischen Viertel von Mindelo, der Hauptstadt von São Vicente. Im kulturellen und künstlerischen Zentrum des Archipels ist eine kühne, explosive Mischung aus den Nachfahren portugiesischer Siedler, arabischer Kaufleute und afrikanischer Sklaven aus dem Volke der Wolof zu Hause.

Die herrliche Bucht, zu der hin sich der Hafen von Mindelo öffnet, wird von einem unterseeischen Vulkankrater gebildet und hat die Form eines perfekten Halbkreises. Der Hafen war dank seiner Lage für Jahrhunderte ein strategischer Anlaufpunkt für die von Europa nach Amerika reisenden Schiffe: Noch heute schwebt er zwischen drei Kontinenten, bewacht von einer Nachbildung der berühmten Torre de Belém, bevölkert von Afrikanern und 24 Stunden am Tag erfüllt von brasilianisch anmutenden Klängen. Während des ausgelassenen Karnevaltreibens fühlt man sich hier wie in Rio de Janeiro. Im überfüllten Mindelo sollte man sich einfach treiben lassen zwischen den Überbleibseln aus der Kolonialzeit: den grobschlächtigen Festungen, den prächtigen Wohnhäusern mit ihren üppigen Stuckverzierungen, die langsam vom Salz zersetzt werden, und dem bunten Treiben auf dem imposanten Mercado Centrale.

Der Rest von São Vicente ist mit einer noch nahezu ursprünglichen Natur gesegnet: Man findet erloschene Vulkankegel und heimelige Buchten, die Fischerdörfer und einsame Strände bergen. Die beiden Strände Praia Grande und Praia Norte etwa, beide halbmondförmig und mit goldfarbenem Sand gesegnet, werden von den steilen Hängen des Monte Verde und des Monte Goa eingefasst, und an der Praia da Gatas beschwören das transparente Türkis und Aquamarin des Atlantiks eine Art karibischen Zauber herauf. Diese »Karibik« mitten im Ozean, die noch immer sehr »afrikanisch« wirkt, blieb in der Zeit der Karavellen und Seefahrer stehen und kann sich noch immer nicht vorstellen, von den Touristen eingenommen zu werden.

92 In Mindelo, seit Jahrhunderten ein bedeutender Handelsplatz, hat sich eine lebendige Kultur entwickelt, die sich auch in der Morna ausdrückt. Dank Cesária Évora wurde die ganze Welt auf diesen Musikstil aufmerksam.

92–93 In der Nähe von Calhau erstreckt sich die noch unberührte Praia Grande. Der goldfarbene Strand mit seinen schwarzen Lavasteinen, den Überbleibseln einer lange zurückliegenden Eruption, wirkt wie eine Mondlandschaft.

WISSENSWERTES

- **Staat:** Kapverden
- **Fläche:** 227 km²
- **Entfernung zum Festland:** 570 km (ab der senegalesischen Küste)
- **Bevölkerung:** 70 000 Einwohner
- **Hauptort:** Mindelo
- **Klima:** Tropisches Trockenklima; Durchschnittstemperaturen: ganzjährig 24 °C; von August bis Oktober häufig Gewitter.
- **Landessprache:** Portugiesisch, Kapverdisches Kreol
- **Währung:** Kap-Verde-Escudo

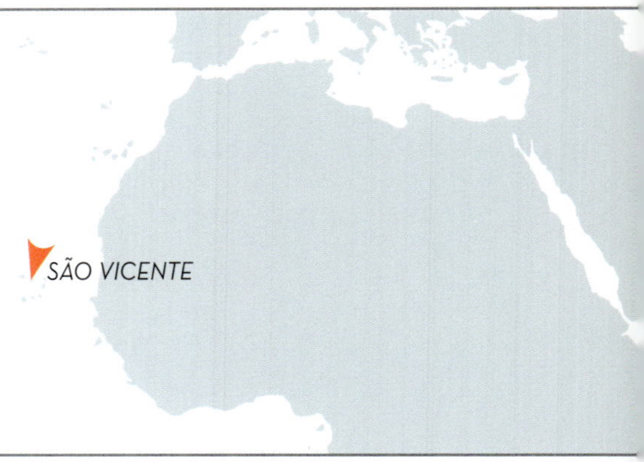

WISSENSWERTES

- **Staat:** Kenia
- **Fläche:** 18 km^2
- **Entfernung zum Festland:** 0,5 km
- **Bevölkerung:** 12 000 Einwohner
- **Hauptort:** Lamu
- **Klima:** Äquatorial; weniger heiß und feucht ist es im Juli und August und von November bis Februar.
- **Landessprache:** Suaheli
- **Währung:** Kenia-Schilling

Lamu

Lamu-Archipel ▪ Kenia

Dauen, die seit fast einem Jahrtausend vom Hafen der ältesten Stadt Kenias aus in See stechen

Sie kommen aus ganz Kenia, Somalia, Tansania und sogar aus der Demokratischen Republik Kongo: Im dritten Monat des islamischen Kalenders versammeln sich auf Lamu circa 50 000 Gläubige und Pilger, um die Geburt des Propheten Mohammed zu feiern. Seit Beginn des 19. Jahrhunderts wird der Mawlid an-Nabi hier mit großen Festlichkeiten begangen, als sich der berühmte arabische Gelehrte und Arzt Habib Swaleh Jamaly auf der Insel niedergelassen hatte.
Den Rest des Jahres ist Lamu aber ein sehr ruhiger Ort. Sein Lebensrhythmus wird von den Gezeiten bestimmt, und man scheint noch nicht in der Moderne angekommen zu sein. Esel sind die einzigen Transportmittel und abends erleuchten Öllampen die Straßen (die vielmehr Sandwege sind). Die Insel wirkt wie ein Stück purer Vergangenheit, und das macht ihren Reiz aus. Intensiv besiedelt wurde sie erstmals im 14. Jahrhundert; es folgten Kolonisierungen von den Omani, Jemeniten, Indern, Bantu, Portugiesen und schließlich, im viktorianischen Zeitalter, von den Engländern. Heute befindet sich hier die älteste ständig bewohnte Stadt Kenias, Lamu-Stadt. Zusammen mit Sansibar wird die Insel als Wiege des Suaheli angesehen, der Verkehrssprache für den Handel zwischen der arabischen Welt und dem östlichen Afrika.
Seit 2001 gehört die 16 Hektar große Altstadt von Lamu-Stadt zum UNESCO-Welterbe – ein Hinweis darauf, dass die hiesige wertvolle Architektur geschützt werden muss – von den Festungen bis zu den Wohnhäusern aus Kalkstein und Mangrovenholz mit ihren kunstvoll bemalten Eingängen. Dieser historische und kulturelle Schatz lässt sich am besten bei einem entspannten Bummel zwischen traditionellen Werkstätten und durch vom Wind ausgehöhlte Gassen entdecken.
Lamu-Stadt ist nur eines der Juwelen der Insel, neben den noch etwa zwanzig Moscheen und den malerischen Fischerdörfern wie Shela, die touristische Einrichtungen und herrliche goldene Dünenstrände bieten. Von diesen Stränden aus kann man sich in Dauen, traditionellen Segelbooten, aufmachen zu Ausflügen zu anderen Inseln im Archipel, etwa nach Manda oder nach Kiwayu mit seinen riesigen Affenbrotbäumen, zwei der schönsten Buchten Kenias.

94-95 Den Strand von Shela nahe Lamu-Stadt säumen ein paar Unterkünfte, die viel Flair verströmen. Von hier aus kann man sich zu Ausflügen auf die Inseln Manda und Kiwayu aufmachen.

95 Die alte Inselhauptstadt mit ihren vielen Moscheen und den Gebäuden aus Korallenstein wurde von der UNESCO zum Welterbe geadelt.

Sansibar

Sansibar-Archipel ▪ Tansania

Vergnügen in Stone Town, wo man wandelt auf den Spuren legendärer Sultane und übers Meer ziehender Händler

Jeder im Teilstaat Sansibar kennt Mr. Mitu aus Stone Town, sein Name ist eine Legende. Man darf sich vom schlichten Äußeren seines kleinen Büros gegenüber dem Cinema Afrique nicht täuschen lassen: Der Herr mit der tiefbraunen Haut ist reich geworden als Pionier auf dem Gebiet, Touristen die Gerüche der Insel näherzubringen. Er führt sie in die *shamba*, die Gewürzwälder, und seine Spice Tour ist ein Muss für jeden Besucher. Hier entfalten sich die Aromen von Nelken (der Archipel ist der weltgrößte Nelkenlieferant), Kreuzkümmel, Kardamom und Zimt in nie erlebter Weise, vereinigen sich mit den Salzrückständen in der Luft und kreieren ein betörendes fast rauschhaft wirkendes Düfte-Potpourri. Die meisten denken bei Sansibar an Unguja, die große Hauptinsel. Seinen heutigen Ruf verdankt das kleine Archipel den herrlichen Stränden und dem mit Dauen, traditionellen Segelbooten, gespickten Meer. Historisch gründet sich Sansibars Reichtum auf den Gewürzhandel (und auf Elfenbein und Sklaven). Die Handelsbeziehungen haben eine außergewöhnliche Mischung an Menschen hierher gebracht, von Persern bis zu Omani, von Bantu über Inder bis zu Europäern, und einen kulturellen und künstlerischen Schmelztiegel entstehen lassen, der in Ostafrika seinesgleichen sucht. Sansibar erfüllt die verschiedensten Wünsche, ob von Sonnenanbetern oder von Kulturinteressierten, die nach ästhetischen und spirituellen Anregungen hungern. Wer Strände liebt, hat auf Unguja die Qual der Wahl zwischen Buchten wie Ningwi, Matemwe, Kiwenga und Kizimkazi, jede ein Unikat. Boote bringen einen von hier aus auf die grünere Schwester Pemba oder auf eine der vielen Satelliteninseln, und vor der Insel Chumbe, inmitten eines Meeresschutzparks, kann man zwischen Korallenriffen tauchen. Kulturfans hingegen werden die alten Mauern der magischen Hauptstadt Stone Town kaum je wieder verlassen wollen: Hier lauscht man den unerschöpflichen Geschichten von Sultanen, Konkubinen und Kaufleuten, die die historischen Gebäude erzählen, bummelt über Märkte, besucht die berühmten Holzschnitzer in ihren Werkstätten und lässt sich von den Klängen der Stadt verzaubern. In Letzteren schwingt das Melodische des Suaheli mit, und sie sind weithin zu hören – übers Meer hinaus bis in das Herz der Savanne Afrikas.

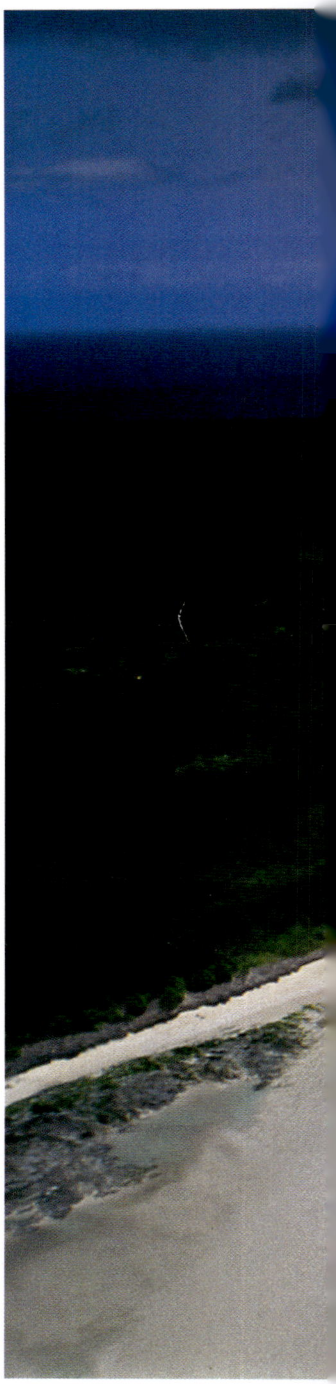

96 oben Der Reichtum, den die bezaubernde Hauptstadt Stone Town im Laufe der Jahrhunderte angehäuft hat, entstand durch den Handel mit Gewürzen, Elfenbein und Sklaven.

96 unten Die traditionellen lokalen Boote mit ihren grossen Segeln, die sich im Wind blähen, werden Dauen genannt.

96-97 Aus der Vogelperspektive überblickt man die Küste von Sansibar und seinen Satelliteninseln am besten. Ein Meerespark schützt das Korallenriff vor der Insel Chumbe. Wer sich hier in einer der Öko-Lodges einquartiert, kann ihn bequem erkunden.

WISSENSWERTES
- **Staat:** Tansania
- **Fläche:** 1638 km²
- **Entfernung zum Festland:** 35 km
- **Bevölkerung:** 1 200 000 Einwohner
- **Hauptort:** Stone Town
- **Klima:** Äquatorial; die Trockenzeit dauert von Juni bis Oktober.
- **Landessprache:** Suaheli
- **Währung:** Tansania-Schilling

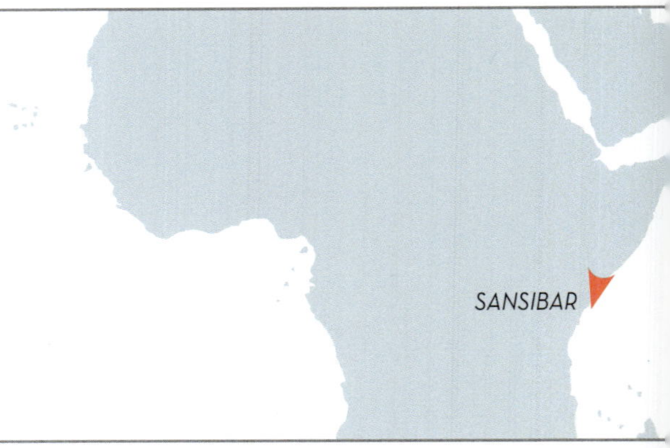

WISSENSWERTES

- **Staat:** Union der Komoren
- **Fläche:** 1148 km²
- **Entfernung zum Festland:** 420 km (ab der Küste Mosambiks)
- **Bevölkerung:** 345 000 Einwohner
- **Hauptort:** Moroni
- **Klima:** Tropisch; Durchschnittstemperatur: 25 °C ganzjährig. Die Trockenzeit dauert von Mai bis Oktober.
- **Landessprache:** Arabisch, Komorisch, Französisch
- **Währung:** Komoren-Franc

Grande Comore

Archipel der Komoren

Ein Duft von Ylang Ylang, der die gewundenen Gässchen der Medina bis hinunter zum Hafen durchzieht

Bis vor wenigen Jahren noch konnte man auf Grande Comore ständig außergewöhnlichen Ereignissen beiwohnen, die unterhaltsame Gesprächsthemen lieferten und ihren Erzählern eine abenteuerliche Aura verliehen: Hier ereigneten sich die Staatsstreiche beinahe in monatlichem Rhythmus. Die meist unblutigen, kleinen Aufstände aber dürften die Besucher nicht weiter gestört haben, abgesehen von einigen lauten Schüssen, militärischen Paraden und ein- bis zweitägigen Verspätungen der Flüge.
Heute scheint sich die Situation entspannt zu haben, zumindest auf politischer Ebene. Die größte Insel des zwischen dem Indischen Ozean und der Straße von Mosambik gelegenen Komorenarchipels bleibt aber nach wie vor gewissermaßen ein Ziel für Adrenalin-Fans: Zwei Drittel ihrer Fläche bedecken die enormen Ausmaße des aktiven Vulkans Karthala, aus dessen riesigem Krater auf 2361 Metern Höhe zwischen dem 19. und 20. Jahrhundert mehr als zwanzig Mal Lava floss, zuletzt im Jahr 2005. Dank des Feuergiganten ist Grande Comore (oder Ngazidja, wie die Insel im lokalen Swahili-Dialekt heißt) mit spektakulären Landschaften, außergewöhnlich fruchtbarem Boden und tropischen Wäldern gesegnet. Dazwischen gibt es immer wieder Vanilleplantagen und Ylang-Ylang-Anpflanzungen. Nicht zuletzt das »explosive« Temperament der Einwohner, die in der Mehrzahl arabischen Ursprungs und islamischen Glaubens sind, hat dazu geführt, dass sich der Tourismus hier nicht rasant ausbreiten und die Insel ihre starke Persönlichkeit bewahren konnte. Mitsamiculi und Foumbouni sind die bekanntesten unter vielen, von herrlichen Palmen gesäumten Stränden, aber nur zwei der hiesigen zahllosen Attraktionen. Trekkern stehen unwegsame Pfade zwischen Dschungel und Gebirge zur Verfügung, und an vielen Orten erfährt man etwas über die Geschichte, die Kultur und die religiösen und Handelstraditionen der Komoren.
Bei Sonnenuntergang durch das historische Viertel des Hauptorts Moroni spazieren, während sich an der Hafenmauer die Wellen brechen und der Ruf des Muezzin erklingt – schon allein das ist eine Reise nach Grand Comore wert.

98–99 Paradiesische Strände zeichnen die Hauptinsel der Komoren im Indischen Ozean aus. Der Archipel ist bis heute nicht viel mehr als eine Randnotiz im Geschäft des internationalen Tourismus.

99 Die halb unter Wasser stehenden Mangroven, Indikatoren für das typisch tropische Klima an der Küste, bilden einen wirksamen Schutz gegen Erosion.

100 Ein Kind in einer traditionellen, mit Schnitzereien verzierten Haustür aus Holz in der Altstadt der Inselhauptstadt Moroni. Grande Comore war lange Zeit in verschiedene Sultanate unterteilt.

100-101 Moroni wurde im 10. Jahrhundert von arabischen Siedlern gegründet als Hauptstadt eines Sultanats, das enge Handelsbeziehungen mit Sansibar pflegte.

102-103 Komorische Frauen in traditioneller Kleidung. Die Paste aus Lehm und Pflanzenpigmenten, mit denen ihre Gesichter geschminkt sind, soll die Haut vor der Sonne schützen.

103 Ein Mann zapft Wasser aus dem Stamm eines Affenbrotbaums. Weil dieser Baum als natürlicher Wasserspeicher genutzt und seine Blätter als Nahrungs- und Heilmittel verwendet werden können, hört man oft auch die Bezeichnungen »Magischer Baum«, »Apothekerbaum« oder »Lebensbaum« für ihn. Sein offizieller Name leitet sich vermutlich ab vom arabischen Wort Bu-Hibab, das sich auf die Frucht seiner zahlreichen Samen bezieht.

Praslin

Innere Seychellen

EINE SINNENFREUDIGE INSEL UND DIE HEIMAT DER COCO DE MER, DIE DEN GANZEN CHARME DER SEYCHELLEN VERKÖRPERT

Die Palmen der Meereskokosnuss, Coco de Mer, sind eine Merkwürdigkeit der Natur. Ihre Früchte wiegen bis zu 15 Kilogramm und ähneln auf verwirrende Weise dem weiblichen Schambein, der Blütenstand der Palme hingegen mutet eindeutig männlich an – und einem volkstümlichen Gerücht zufolge vereinen sich die Palmen nur in Sturmnächten ... Danach braucht es etwa zehn Jahre, um die Frucht, die daraus entsteht, heranreifen zu lassen. Bewundern kann man diese speziellen Gewächse am besten im Inneren der Insel im zauberhaften Vallée de Mai, das von der UNESCO zu einem Weltkulturerbe erklärt wurde.

Praslin wird häufig mit dem Garten Eden verglichen, und in der Tat bietet die zweitgrößte der 115 Seychellen-Inseln zahllose sinnliche Schönheiten. Geologisch besteht ein Teil der »inneren Inseln« des Archipels – im Gegensatz zu den »äußeren«, kleinen Korallenabsplitterungen, die meist unbewohnt sind – aus von Wind und Wellen abgeflachten Klippen aus schwarzem Granit, rätselhafte Hinterlassenschaften des mythischen Superkontinents Gondwana. Einige von ihnen ragen zwischen den bei Touristen (zum Sonnenbaden) wie bei Meeresschildkröten (zur Eiablage) beliebtesten Stränden des Indischen Ozeans auf. Die Favoriten sind Anse Lazio und Anse Georgette mit seinem rosafarbenen Sand und dem in Dutzend verschiedenen Blautönen erstrahlendem Meer. Solch spektakuläre Anblicke finden sich übrigens in allen zehn Buchten Praslins. Fast jede ist zudem mit wunderschönen, unauffälligen »Barfuß-Luxus«-Resorts gesegnet. Dennoch ist Praslin mehr als ein Badeurlaubsziel. Über dem Meer erstrecken sich Haine mit blühenden Orchideen, Fleischpflanzen und prähistorischen Bäumen, zahllose Arten von Meersvögeln leben in dichten Kolonien auf den unbewohnten Inselchen des ausgedehnten Archipels. Darüber hinaus hat die Regierung eines der strengsten Umweltgesetze des Planeten ausgearbeitet und setzt ausschließlich auf Ökotourismus.

104 Ein elegantes Hotel verbirgt sich an der grünen Cote d'Or gegenüber der Anse Volbert, einer der zehn Buchten der Insel. Praslin ist die zweitgrösste der insgesamt rund 115 Inseln zählenden Seychellen.

104–105 Runde, glatt geschliffene Steine, die korallenrot schimmernde Strände spicken – das klassische Motiv für eine Postkarte aus einem exotischen, luxuriösen Badeparadies.

WISSENSWERTES

- **Staat:** Republik der Seychellen
- **Fläche:** 37,56 km²
- **Entfernung zum Festland:** 1505 km (ab der somalischen Küste)
- **Bevölkerung:** 6500 Einwohner
- **Hauptort:** Baie Sainte Anne
- **Klima:** Tropisch – von Dezember bis März dominieren nordwestliche Passatwinde, von Juni bis September südöstliche. Die wärmsten Monate (April bis Mai, Oktober bis November) sind windstill und garantieren das klarste Wasser.
- **Landessprache:** Französisch, Englisch, Kreol
- **Währung:** Seychellen-Rupie

106–107 Die ungebändigte Schönheit ursprünglicher Natur spielt die Hauptrolle im Naturschutzgebiet Vallée de Mai. Der Palmenwald im Herzen von Praslin birgt eine grosse Artenvielfalt. Im gesamten Archipel herrschen strenge Umweltschutzauflagen.

107 Der Rote Webervogel mit seinem leuchtenden Gefieder ist ein typischer Vertreter der farbenfrohen Vogelwelt im Vallée de Mai. Die spektakulären Ökosysteme auf ihren verschiedenen Inseln und die auf Nachhaltigkeit basierenden Wachstumsmassnahmen machen die Seychellen zum Ziel für Urlauber, die nicht nur auf Luxus, sondern auch auf Umweltschutz Wert legen.

WISSENSWERTES

- **Staat:** Madagaskar
- **Fläche:** 312 km^2
- **Entfernung zum Festland:** 847 km (ab der Küste Mosambiks)
- **Bevölkerung:** 60 500 Einwohner
- **Hauptort:** Hell-Ville (Madagassisch: Andoany)
- **Klima:** Feucht-tropisch; die Trockenzeit dauert von März bis Oktober.
- **Landessprache:** Madagassisch, Französisch
- **Währung:** Ariary

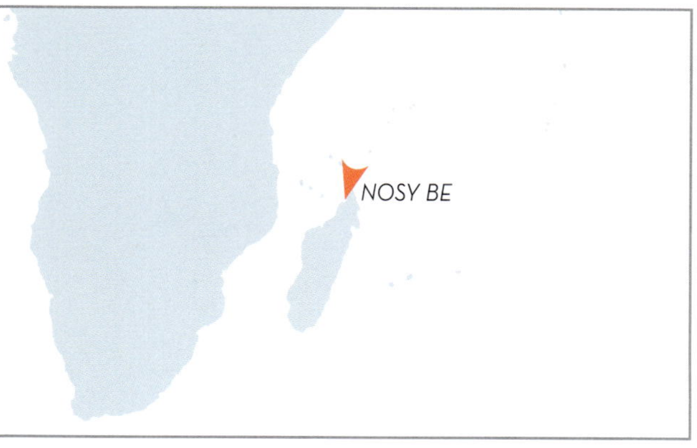

Nosy Be

Mitsio-Archipel ▪ Madagaskar

Die »Grosse Insel« inmitten von smaragdfarbenem Wasser, die vulkanische Seen und einen üppigen Wald birgt

Hier (und nur hier) leben die *Stumpffia pygmaea* und die *Brookesia minima*, der kleinste Frosch und das kleinste Chamäleon der Welt. Im Wald des Lokobe-Naturreservats gibt es eine große Lemurenpopulation. Die kleinen Seen vulkanischen Ursprungs beherbergen viele nicht eben kleine Krokodile. Und nahe dem Meer kann man Affenbrotbäume bewundern.
Auf Madagassisch bedeutet Nosy Be »Große Insel«, dabei hat die an der Straße von Mosambik, fast im äußersten Nordwesten Madagaskars gelegene Insel eher Miniformat. Ihr touristischer Wert rührt daher, dass sie eine Art Themenpark Madagaskars darstellt: Sie bietet die Möglichkeit, das Ambiente und die Reize der größten afrikanischen Insel zu erleben, ohne sich mit all den »afrikanischen Ärgernissen« herumschlagen zu müssen wie endlosen Staubpisten, provisorischen Unterkünften, heiklen Sanitäranlagen und unangenehmen Zwischenfällen. Wer sich auf Nosy Be mit dem unheilbaren »Afrika-Virus« infizieren wollte, den das ursprüngliche Land seinen Besuchern in der Regel verpasst, wird etwas enttäuscht sein angesichts der All-Inclusive-Resorts am schönen Strand von Ambatoloaka. Hier besteht das afrikanischste Erlebnis darin, während eines Barbecues ein Zebufilet zu verspeisen. Die meisten Besucher ziehen es denn auch vor, ihren Aufenthalt in der behüteten Atmosphäre der für sie errichteten Feriendörfer zu verbringen und allenfalls ein paar geführte Exkursionen zu unternehmen.

In der Inselhauptstadt Hell-Ville aber wird Afrika farbenfroh zelebriert. Die Stadt, eine unregelmäßige Ansammlung baufälliger Kolonialbauten, liegt an einem kakofonischen Hafen voller Pirogen. In ihrer Umgebung befinden sich Vanille-, Kaffee- und Ylang-Ylang-Plantagen. Im Hinterland breiten sich Wälder aus; einer davon bietet eine verzauberte Grabstätte bei Ambanoro, einer verlassenen, indianisch-arabischen Stadt. Doch nicht nur das Inland birgt Schönheiten, Nosy Be ist auch die ideale Basis für die Erforschung der umliegenden Inseln. Alle locken mit weißen Stränden und einem umwerfend klaren Meer, etwa Nosy Komba, Heimat vieler Lemuren und Makaken. Die »Doppelinsel« Nosy Iranja besteht aus zwei vulkanischen Steinformationen, verbunden durch eine Sandzunge, die mit den Gezeiten auftaucht und untergeht. Spektakulär sind auch die Korallenbänke der vorgelagerten Insel Mitsio, die zu Tauchgängen und Angelausflügen einladen.

108–109 Im offenen Meer vor Nosy Be verbindet eine lange Sandbank bei Ebbe zwei kleine Inseln. Sie bilden zusammen die »Schildkröteninsel« Nosy Iranja, die häufig von Schildkröten zur Eiablage genutzt wird.

109 Mit typischen Auslegerkanus fahren die hiesigen Fischer aufs Meer hinaus. Neben dem herrlichen Indischen Ozean hat Nosy Be noch einen kleinen Schatz zu bieten: seine elf Vulkanseen im Inselinneren.

La Réunion

Maskarenen ▪ Französisches Überseegebiet

Eine kreolische Schönheit im Ozean, die ihre vulkanische Energie zwischen unbeugsamen Felswänden verbirgt

Meine Insel, um dich zu beschützen, habe ich deinen Dörfern die Namen aller Heiligen des Paradieses gegeben«, singt Jaqueline Ferreyrol, die grandiose Interpretin kreolischer Musik aus Réunion. Die Heiligen sind in diesem Fall Saint-Denis, Namenspate der Inselhauptstadt, Sainte-Marie, Sainte-Suzanne, Saint-Gilles und Saint-Benoit. Saint-Expédit ist eine Kirche geweiht, er wird am meisten verehrt – und das, obwohl er ein erfundener Heiliger ist! Der Fehler passierte, als aus Frankreich eine Kiste mit Reliquien eintraf, versehen mit dem Poststempel »Expédit le ...«, »Abgeschickt am ...«

La Réunion kann wirklich eine ganze Schar Heiliger gebrauchen, gleicht sie doch mehr einer Kampfarena der Elemente

als einer Insel. Überall sind die Folgen des aufreibenden Kampfes von Wellen, Wind, Regen und Feuer zu sehen, der ihr Gesicht stetig verändert. Eine besondere Mischung aus Europäern, Indern, Chinesen und Afrikanern bildet die Bevölkerung. Sie sagen, wer ihre Seele sehen will, muss ins Inselinnere gehen. »Gehen« ist in diesem Fall nett ausgedrückt, denn die Reise führt nahezu senkrecht die Serpentinen der Route Forestière du Volcan entlang. Man passiert eine Tropenlandschaft, die alpiner nicht sein könnte, zudem Zuckerrohrplantagen und einen üppigen Wald, bis man schließlich über den Wolken (und manchmal auch über dem Schnee) eine schwarze Hochebene erreicht, die verblüffende Lavagebilde spicken. Und der Plan de Sable ist nur die erste Etappe des anstrengendsten Teils der Reise, zu der auch eine Klettertour auf den Piton de la Fournaise gehört. Der Vulkan brodelt noch und stößt oft Rauch und Lapilli aus. Die beiden anderen Vulkane hier heißen Piton des Neiges (der älteste und mit 3070 Metern auch der höchste) und Piton Maïdo. Die drei Feuergiganten, kürzlich in die UNESCO-Welterbeliste aufgenommen, bilden die Hauptattraktion der Insel, zumindest für passionierte Bergwanderer. Strandurlauber finden an der Küste tolle Basaltklippen, meist aus schwarzem Vulkansand und genauso faszinierend wie die Vulkane im Inselinneren. Der bekannteste und belebteste Strand ist Boucan Canot mit seinen Palmen und den netten Lokalen. Hier fühlt man sich fast wie an der Côte d'Azur – 9700 Kilometer entfernt mitten im Indischen Ozean!

110 Die Wolken über dem Wald aus Riesenfarnen kündigen einen Sturm an. Im Herzen der Insel, wo sich der Piton des Neiges 3070 Meter in die Höhe reckt, geht die tropische Vegetation in eine alpinere Landschaft über.

110–111 Im Süden der Insel, oberhalb der Bucht Manapany, liegt das Dorf Petite-Île. Diese fruchtbare Region durchziehen tiefe Täler, entstanden bei den häufigen Ausbrüchen des Piton de la Fournaise, eines der aktivsten Vulkane der Erde.

WISSENSWERTES

- **Staat:** Frankreich
- **Fläche:** 2512 km^2
- **Entfernung zum Festland:** 2110 km (ab der Küste Mosambiks)
- **Bevölkerung:** 827 000 Einwohner
- **Hauptort:** Saint-Denis
- **Klima:** Tropisch-feucht; die Regenzeit dauert von November bis April.
- **Landessprache:** Französisch, Kreol
- **Währung:** Euro

Rodrigues

Maskarenen

Ein kleiner, im Ozean verlorener Fleck, der einen ganzen Mikrokosmos zu bieten hat

Das wichtigste Ereignis im Inselkalender ist die Fête de Poisson im März, die den Beginn der Fischfangsaison markiert und die Verbundenheit der Inselbewohner mit dem Meer zelebriert. Man tanzt zum afrikanischen Sega Tambour und verzehrt Massen an Fisch, der an der Küste in riesigen Pfannen zubereitet wird. Das zweitwichtigste Ereignis des Jahres folgt kurz darauf: die Fête de Maïs (Erntedank) Ende April.
Für die Bewohner der abgelegensten Insel der Maskarenen sind solche Feste selbstverständlich: Sie haben gelernt, dass man sich der Gunst des Meeres und der Erde anvertrauen muss, um zu überleben – auch heute noch, wo drei Mal im Monat ein Schiff aus Mauritius Treibstoff, Medikamente und Konsumgüter in die Hauptstadt Port Mathurin bringt.

Täglich bringt ein kleines Propellerflugzeug Touristen aus dem 560 Kilometer entfernten Mauritius hierher. Häufig kommen sie nur zu einem eiligen »Abstecher zum authentischsten Ort in diesem Winkel des Indischen Ozeans«, wie geworben wird. Eigentlich aber sucht Rodrigues keine Öffentlichkeit. Es ist stolz, zu sein, wie es ist, ohne Megaresorts, künstlichen Glamour und fremde Investitionen, wie sie auf Mauritius üblich sind. Rodrigues ist lieber sein eigener Herr und präsentiert seine Tugenden allen, die es zu schätzen wissen und die Mühen einer Reise hierher auf sich nehmen.
Man muss kein Naturforscher sein, um Rodrigues' besonderen Charakter zu erkennen. Seine Lagune, drei Mal so groß wie die Insel selbst, schillert in allen denkbaren Blautönen, von Aquamarin bis Tiefblau. Sie wird von einem Korallenriff geschützt, das ungewöhnlich viele endemische Arten beherbergt (im Gegensatz zur damit eher spärlich gesegneten Fauna hier). Sehr interessant sind auch die Ökosysteme auf dem Eiland, deren Täler Schätze bergen wie die Caverne Patate, eine unterirdische Kathedrale voller Stalaktiten und Stalagmiten. Und auf der von Palmen und Tamarisken übersäten Nachbarin Île aux Cocos leben Tausende seltene Meeresvögel.
Rodrigues' größtes Juwel jedoch ist das François Leguat Giant Tortoise and Cave Reserve. Die hiesigen Forscher haben Exemplare der im 18. Jahrhundert hier ausgerotteten Riesenschildkröte aus Madagaskar und dem Aldabra-Atoll hier angesiedelt – mit Erfolg: Heute leben hier wieder etwa 300 dieser Urtiere.

112 Dank der grossen Entfernung von Rodrigues zum nächsten Fleckchen Land blieb die kreolische Kultur in seiner Hauptstadt Port Mauthrin bis heute nahezu unbeeinflusst.

112-113 Im äussersten Osten finden sich die meisten Strände der Insel, etwa der unendlich wirkende Strand von St. François. Die Südküste wartet derweil mit Idealbedingungen für Surfer auf, und es gibt eine weitläufige Lagune, geformt von einem Korallenriff, das beinahe die gesamte Insel umgibt.

WISSENSWERTES

- **Staat:** Republik Mauritius
- **Fläche:** 108 km²
- **Entfernung zum Festland:** 2816 km (ab der Küste Mosambiks)
- **Bevölkerung:** 40 000 Einwohner
- **Hauptort:** Port Mathurin
- **Klima:** Tropisch; Durchschnittstemperaturen: 28 °C bis 35 °C von November bis April, 18 °C bis 27 °C im übrigen Jahr.
- **Landessprache:** Englisch, Französisch, Kreol
- **Währung:** Mauritius-Rupie

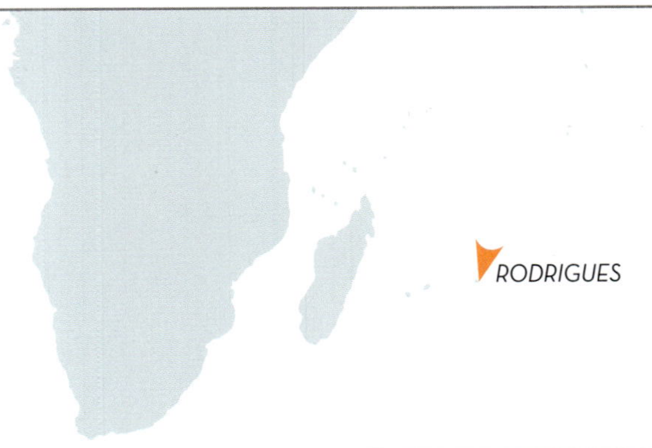

WISSENSWERTES

- **Staat:** Lakkadiven, Indien
- **Fläche:** 3,84 km²
- **Entfernung zum Festland:** 459 km (ab der Küste Keralas)
- **Bevölkerung:** 7500 Einwohner
- **Hauptort:** Agatti
- **Klima:** Tropisch-feucht mit Monsunregen; Durchschnittstemperatur: 27 °C, Luftfeuchtigkeit: 70–75 %, die Trockenzeit dauert von November bis April.
- **Landessprache:** Malayalam, Englisch
- **Währung:** Indische Rupie

Agatti

Lakkadiven ▪ Indien

Ein nasses Paradies für Taucher in Indiens kleinstem Staat

Die Eskimos haben bekanntermaßen zahlreiche Wörter für das, was für den Rest der Welt einfach Schnee ist. Auf den Lakkadiven findet sich das gleiche Phänomen für die Kokosnuss: In diesem Archipel sind Kokospalmen allgegenwärtig, und seine Bewohner haben ein spezielles Vokabular entwickelt, mit denen die verschiedenen Verwendungsarten der Kokosnuss deutlich gemacht werden: Sie (bzw. ihre Milch) wird zum Beispiel getrunken, gegessen oder getrocknet, um Currys daraus zu machen, und ihre Fasern benutzt man beim Bau von Dauen, traditionellen Booten.
Neben Thunfisch stellte Kokos jahrhundertelang die Hauptnahrungsquelle auf den Lakkadiven dar und sicherte den Lebensunterhalt ihrer Bewohner. Mittlerweile jedoch hat sich die Wirtschaft der Insel dem Tourismus zugewandt, der im kleinsten Bundesstaat Indiens sehr ausgewogen und mit größtmöglicher Rücksicht auf die Umwelt entwickelt wurde. Von den 36 Inseln im Archipel sind nur fünf für Besucher zugänglich. Da Agatti darunter die Einzige mit einer Rollbahn für Flugzeuge ist, wurde sie zum Einfallstor zu einem der letzten unberührten Paradiese zwischen dem Arabischen Meer und dem Indischen Ozean – zumindest für Naturforscher und Taucher. Allerdings eignet sich Agatti nicht als Ziel für Reisende, die nur mal eben so vorbeikommen wollen: Bis heute finden sich in den aus Korallensteinen gefertigten Bungalows kaum zwanzig Schlafplätze für Besucher. Es ist also ein Privileg, diesen bezaubernden Ort zu erleben.
Die circa vier Quadratkilometer große Insel wird von einer großen, fantastischen Lagune umgeben. Die in unmittelbarer Nähe gelegenen Inseln Bangaram, Thinnakara und Parali bieten dank eines blühenden Korallenatolls spektakuläre Möglichkeiten für Tauchgänge. 93 Prozent der Bevölkerung Agattis sind muslimisch, und so wird man hier Zeuge einer überraschenden islamischen Tradition: Der Familienbesitz wird matriarchalisch weitergegeben, die Frauen haben die Macht. Marco Polo nennt die Lakkadiven in *Der Milione* denn auch die »Inseln der Frauen« – und beschreibt sie als einen sanften, heiteren Ort.

114-115 Die beinahe ganz am Ende des indischen Subkontinents gelegene Insel wirkt wie ein langer Streifen aus Sand und Vegetation. Eine Seite schützt ein halbrundes Korallenriff, das zahlreichen Spezies eine Heimat bietet.

115 Ein Strand, Palmen, ein Boot und hier und da ein Mensch: Agatti ist eine der fünf Inseln des Archipels, die nur für eine beschränkte Anzahl von Touristen zugänglich sind. Wer hier übernachten darf, geniesst ein echtes Privileg.

WISSENSWERTES
- **Staat:** Indien
  (Unionsterritorium der Andamanen und Nikobaren)
- **Fläche:** 79,94 km²
- **Entfernung zum Festland:** 192 km (ab der Küste Burmas)
- **Bevölkerung:** 6500 Einwohner
- **Hauptort:** Govind Nagar
- **Klima:** Tropisch-feucht, mit Monsunen;
  Durchschnittstemperatur: 28 °C; Luftfeuchtigkeit: 80 %;
  die Trockenzeit dauert von Oktober bis Mai.
- **Landessprache:** Hindi, Bengalisch, Englisch
- **Währung:** Indische Rupie

Havelock

Andamanen ▪ Indien

Robinson-Crusoe-Feeling auf der »Insel der Frauen«, wo Wasser aus Burma ein Stück Indien umspült

Sir Henry Havelock zeichnete sich im Ersten Anglo-Afghanischen Krieg 1839 und beim Indischen Aufstand von 1857 durch besondere militärische Tapferkeit aus. Seine Verdienste für die Krone brachten ihm ein Standbild auf dem Londoner Trafalgar Square ein, außerdem wurde eine Insel auf den Andamanen nach ihm benannt. In der Raja-Epoche war dieser im Golf von Bengalen vergessene, meilenweit von Kalkutta entfernte Archipel eine Strafkolonie, in die Unerwünschte verbannt wurden. Der Ort war so schrecklich, dass er den düsteren Namen »Black Waters« bekam. Und auch schon davor fand man für Havelock nicht gerade schmeichelhafte Bezeichnungen: Für Ptolemäus waren dies die »Inseln der Kannibalen«, und Marco Polo berichtete, die Bewohner hätten nicht nur eine Vorliebe für Menschenfleisch, sondern auch ein »hündisches Aussehen«. Unter diesen Umständen wundert es nicht mehr, dass niemand freiwillig Kurs auf die Andamanen nahm. Der Archipel wurde erst in jüngerer Vergangenheit von Cousteau wiederentdeckt, der ihm den Beinamen »unsichtbare Inseln« gab. Heute sind die Andamanen – und das burmesische Mergui – die am wenigsten besuchten aller tropischen Paradiese in Asien. Die Zivilisation ist hier weit entfernt; Havelock ist der einzige Ort, an dem die indische Regierung eine moderate touristische Entwicklung gefördert hat: Man ließ ein Öko-Resort und Bungalows errichten, und die Touristen finden bezaubernde Strände. Den Strand von Radha Nagarè etwa kürte die Wochenzeitschrift *Time* zum schönsten der noch unberührten Strände weltweit. Und das Meer lädt zu Erkundungen mit Atemmaske und Schwimmflossen ein.
Wenn das trotzdem nicht reicht, bietet sich ein Ausflug zu den Ruinen der Strafkolonie an. Auch Exkursionen zu den anderen Inseln, auf denen noch etwa 700 Ureinwohner leben, wären möglich – zumindest, wenn es nach einem indischen Reiseveranstalter ginge. Bisher aber haben Aktivisten von Survival International, einer Bewegung zum Schutz indigener Völker, und die Regierung das Projekt als unmoralische Ethno-Safari abgelehnt. Die einzigen Bilder von der Urbevölkerung auf den Andamanen bleiben darum wohl vorerst die der nackten Krieger, die unmittelbar nach dem Tsunami von 2004 Pfeile auf einen Rettungshelikopter schossen.

116-117 Dieser Elefant hat sich an die aussergewöhnlichen Umweltbedingungen hier gewöhnt und fürchtet das Meer nicht. Man darf nicht vergessen, dass man in Indien ist – auch wenn die Küste von Burma den Andamanen am nächsten liegt. Auf einigen Inseln im Archipel leben noch verschiedene indigene Stämme.

117 oben Das Spiel der Gezeiten hinterlässt an den wilden Küsten Havelocks seine Spuren. Die Insel ist eine von 500, die auf ebenso vielen Kilometern eine Kette im östlichen Golf von Bengalen bilden. Nur 26 davon sind bewohnt.

117 unten Havelock liegt in der nördlichen Region des Archipels. In der Nähe, auf South Andaman Island, befindet sich mit Port Blair die Hauptstadt des Unionsterritoriums Andamanen und Nikobaren.

Ko Tao

Archipel Mu Ko Samui ▪ Thailand

Bambusstege, die nur einen Steinwurf von grandiosen Tauchgründen entfernt in einen tropischen Regenwald führen

Ko Samui? Inzwischen viel zu städtisch. Ko Phangan? Zu viel Trubel für alle, die keine Teenager mehr sind und auf einer ausschweifenden Full Moon Party psychedelische Erfahrungen machen wollen. Man sollte es wohl besser nicht zu laut sagen, aber ein Ziel im Samui-Archipel, zu finden im Golf von Thailand, sollte man unbedingt einmal besucht haben: das kleine, bis heute natürlich gebliebene Ko Tao. Sein Name »Schildkröteninsel« rührt sowohl von der Form Ko Taos her als auch von der Tatsache, dass Grüne Meeresschildkröten und Echte Karettschildkröten (mit lateinischem Namen *Eretmochelys imbricata*) im hiesigen Sand ihre Eier ablegen. Bis ins letzte Jahrhundert hinein gab es auf der Insel keine ständige Ansiedlung und sie wurde von Piraten als Unterschlupf genutzt. Für kurze Zeit fungierte sie auch als Strafkolonie. Dank der sie umgebenden klaren Gewässer lebt die Insel heute vom Tauchtourismus. Sie ist gesegnet mit einer üppigen Meeresfauna und interessanten Spezies, von sehr kleinen wie farbenfrohen Nacktschnecken bis zu so riesigen wie Walhaien. Resorts von internationalem Rang sucht man hier vergebens. Beispielsweise am Chalok Baan Khao Beach und am halbmondförmigen schneeweißen, fast zwei Kilometer langen Sairee Beach aber stehen rustikale, wundervolle Bungalows. Hier erwartet einen die sprichwörtliche thailändische Gastfreundschaft: ein entwaffnendes Lächeln, eine pikante Küche und traditionelle Massagen.

Ko Tao ist aber beileibe nicht nur ein Ziel für Taucher. In seinen Wäldern kann man darüber hinaus auf eigens dafür angelegten Bambusstegen Trekkingtouren unternehmen, und die hohen Sandsteinfelsen, welche die Strände flankieren, dienen als erstaunliche natürliche Kletterparcours. Aber Vorsicht: Am Felsen über der Bucht von Jor Por Ror ist das Klettern strengstens verboten! Dort hat nämlich Phra Bat Somdet Phra Poramintharamaha Chulalongkorn Phra Chunla Chom Klao Chao Yu Hua, der illustre König von Siam (besser bekannt als Rama V.), im Jahr 1899 bei einem Inselbesuch seinen Namen eingeritzt. Seitdem wird dieser Felsen verehrt.

118 Strasse in Ban Mae Hat. Der Hauptort der Insel wird von Reisenden wegen seiner Atmosphäre geschätzt, die entspannter ist als im benachbarten, mondäneren Ko Phagan. Die Strände Had Thien, Tanote und Sairee gehören zu den schönsten in ganz Thailand.

118-119 Drei in einem: Ko Nang Yuan an der Nordwestküste von Ko Tao besteht aus drei kleinen Inseln, die durch schmale Sandbänke in einem Meer in Türkis und Smaragdgrün verbunden werden.

WISSENSWERTES

- **Staat:** Thailand
- **Fläche:** 21 km^2
- **Entfernung zum Festland:** 70 km (ab Surat Thani an der thailändischen Küste)
- **Bevölkerung:** 1400 Einwohner
- **Hauptort:** Ban Mae Hat
- **Klima:** Tropisch-feucht; Durchschnittstemperaturen: 25 °C bis 32 °C; die Trockenzeit dauert von September bis August.
- **Landessprache:** Thailändisch
- **Währung:** Baht

Ko Phi Phi

Phi-Phi-Archipel ▪ Thailand

Ein aquamarines Schmuckstück im »Land des Lächelns«, das zu seinem alten Glanz zurückgefunden hat

Same same, but different«, »ganz gleich und doch anders«: Die Thailänder lieben es, diese Floskel wie ein Mantra zu wiederholen und in jedwede Argumentation einzustreuen, ob man nun über die Schönheit eines Strandes spricht oder über die Qualität einer schwarz gebrannten DVD. Im Hinblick auf ihre charakteristischen Merkmale – die Farbe des Meeres, die Reinheit des Sandes, die Musik unter den Palmen, die in der Brise schaukeln – scheinen alle südostasiatischen Inseln in etwa gleich. Die von Thailand aber sind doch anders, vielleicht deshalb, weil ihre Herren es als ihre Mission betrachten, selbst die kühnsten touristischen Erwartungen noch zu übertreffen. Unter den thailändischen Eilanden sticht Ko Phi Phi dann noch einmal heraus. Zum einen setzt es sich aus zwei Inseln zusammen, Phi Phi Don und Phi Phi Le; beide bestehen aus zahllosen Koralleninselchen und Felsen und erheben sich wie felsige Geysire vor einem atemberaubenden Meer. Die zweite Besonderheit von Ko Phi Phi ist seine wie gemalt anmutende Landschaft. Aktive finden hier zahllose Gelegenheiten, sich zu bewegen, ob beim Schnorcheln, Tauchen, Bergsteigen oder Kitesurfen, doch auch eher weltlich Orientierte und Reisende, die Konventionelles lieben, finden hier ihr Paradies.

Es ist müßig, das Wunder Ko Phi Phi mit Worten beschreiben zu wollen; es wurde gar schon zu viel darüber gesagt. Diverse Reiseführer und Magazine – und natürlich der hier gedrehte Kultfilm *The Beach* mit Leonardo Di Caprio – haben aus der Doppelinsel in kurzer Zeit einen etwas zu trubeligen, weithin bekannten Ort gemacht. Im Dezember 2004 dann fegte hier ein verheerender Tsunami durch, doch auch wenn es zynisch klingen mag: Diese Katastrophe hat auch Positives bewirkt. Sie zwang die Einwohner (und die Regierung), ihre »touristische Mission« zu überdenken. Ein Jahr nach dem Tsunami entstand so ein Nationalpark, der die Bedürfnisse der Touristen und den Naturschutz miteinander in Einklang bringt. Das schwierige Unternehmen, Ko Phi Phi »ganz gleich und doch anders« zu machen, hat Erfolg: Heute ist Ko Phi Phi die perfekte tropische Utopie.

120 Der Phi-Phi-Archipel besteht aus sechs Inseln. Die durch den Tsunami im Jahr 2004 verwüsteten Strände auf Ko Phi Phi hat man, die Nachhaltigkeit stets im Blick, zu neuem Leben erweckt.

120-121 Zwei durch eine mit Sand bedeckte Landenge verbundene, grüne Landzungen: Die unverwechselbare Silhouette von Phi Phi Don bildet mit ihrem »Zwilling« Phi Phi den Kern des Archipels. Ein Nationalpark schützt die hiesige Natur und die Gewässer.

122-123 Am Maya Beach auf Phi Phi Le wurde 1998 der Film The Beach mit Leonardo Di Caprio gedreht.

WISSENSWERTES

- **Staat:** Thailand
- **Fläche:** Phi Phi Don: 28 km², Phi Phi Le: 6,6 km²
- **Entfernung zum Festland:** 42 km (bis Krabi an der Westküste Thailands)
- **Bevölkerung:** 1100 Einwohner
- **Hauptort:** Ton Sai
- **Klima:** Tropisch-feucht; Durchschnittstemperaturen: 25 °C bis 32 °C; die Trockenzeit dauert von Oktober bis April.
- **Landessprache:** Thailändisch
- **Währung:** Baht

WISSENSWERTES

- **Staat:** Thailand
- **Fläche:** 180 km^2 (gesamter Archipel)
- **Entfernung zum Festland:** 70 km (ab Krabi an der Westküste Thailands)
- **Bevölkerung:** 20 000 Einwohner
- **Hauptort:** Ko Lanta Yai
- **Klima:** Tropisch-feucht, Durchschnittstemperaturen: 25 °C bis 32 °C; die Trockenzeit dauert von Oktober bis April.
- **Landessprache:** Thailändisch
- **Währung:** Baht

Ko Lanta

Ko-Lanta-Archipel ▪ Thailand

Die Heimat der »Zigeuner des Meeres«, eine Oase voller unendlich langer Strände, die zum Entspannen einlädt

Früher hielt man sie für Piraten, doch in Wirklichkeit lebten sie immer vom Fischfang und vom Sammeln von Schwalbennestern, die sie in den verborgenen Grotten der Andamanensee finden und die bei den Chinesen als extravagante Delikatesse gelten. Die Chao Nam sind die »Zigeuner des Meeres«: Sie sprechen eine für Thailänder unverständliche Sprache und zeichnen sich aus durch eine sehr dunkle Haut, dichte Augenbrauen und dichte, rötliche Haare, alles dem Leben unter der unbarmherzigen tropischen Sonne geschuldet. Erst vor Kurzem wurden ihnen von der thailändischen Regierung die vollständigen Bürgerrechte zugesprochen, und sie konnten ihr nomadisches Leben aufgeben und sich in den Dörfern im Süden der Insel niederlassen. Sang-ga-u, die größte dieser Siedlungen, besteht aus pittoresken Pfahlbauten und liegt auf Ko Lanta Yai, der ausgedehntesten Insel im Ko-Lanta-Archipel. Muslimische Thailänder, Chinesen und Malaien leben hier neben den Meereszigeunern, seit das aus 52 Inseln bestehende Labyrinth eine wichtige Anlaufstelle und einer der Versorgungsstützpunkte der südostasiatischen Handelsflotte wurde. Heute gründet sich die Wirtschaft der Doppelinsel Ko Lanta auf den Tourismus, und Ko Lanta Yai, ihr einer Teil, ist stolz auf seine vielen Ethnien und die hiesige Architektur, Bräuche, Kunsthandwerk und Gastronomie. Diese finden sich in einer solchen Vielfalt auf keiner anderen Insel Thailands und verleihen Ko Lanta ihre besondere Atmosphäre. Die Hauptattraktion der Doppelinsel aber ist ihre spektakuläre Natur über- und unter Wasser. Sie wird geschützt von einem 134 Quadratkilometer großen Naturpark, der Regenwälder, Mangroven, Sandsteinfelsen, Strände und Riffe birgt. Ko Lanta verbindet Entspannung mit Sport, von Kanu- und Kajakfahren bis zu Schnorcheln und Tauchen. Fans von Letzterem können sich hier sogar auf kurios romantische Weise trauen lassen: Jedes Jahr am Valentinstag versammeln sich vor der Südküste von Ko Lanta Yai zahlreiche heiratswillige Paare zu einer kollektiven Unterwasserhochzeit in den Gewässern rund um die kleine Insel Ko Kradan.

124-125 Eine Badeoase auf Ko Lanta. Der Mini-Archipel an der Ostküste Thailands besteht aus den Inseln Lanta Noi und Lanta Yai. Die kleinere, Lanta Yai, verfügt über eine hervorragende touristische Infrastruktur.

125 Der friedvolle Strand von Kan Tiang: Hier kann man in einem der gastfreundlichsten Hotels des Landes Urlaub im Zeichen typisch thailändischer Entspannung verbringen.

Ko Chang

Ko-Chang-Archipel ▪ Thailand

An der letzten Grenze des thailändischen Tourismus durch Orchideengärten spazieren

Die letzte Grenze – damit wirbt das thailändische Tourismusamt für Ko Chang, die größenmäßig zweitgrößte Insel des Staates, nach Phuket. Verglichen mit der großen Schwester ist sie sicher ein Winzling, aber auch auf diesem, gerne als »Geheimtipp« gehandelten Inselparadies sind die Luxusresorts mit ihren Infinity-Pools, die Supermärkte und die Techno-Bars bereits angekommen. Der Großteil der Urlauber aber stört sich nicht an diesem Komfort und der ganzen westlichen Unterhaltung, und Ko Chang besticht damit, dass es mehr zu bieten hat als die typische »einsame« Tropeninsel. Einen großen Teil des Inselgebiets schützt der Nationalpark Mu Ko Chang, der auch etwa fünfzig Satelliteninseln und

das zugehörige Meer umfasst. Ko Changs gebirgige Landschaft birgt einen der letzten Urwälder Südostasiens, Habitat für 61 Vogelarten, Pythons, Mangusten, Hirsche, Wildschweine und eine Population von Bärenmakaken, die mit ihrem dichten Fell und ihrem stämmigen Körperbau wie kleine, agile Bären aussehen. Außerdem leben hier Elefanten, die man einst vom Festland hergebracht hat, um sie in den Kautschukplantagen einzusetzen. Heute transportieren sie Touristen hügelauf und -ab bei Trekkingtouren, mit die beliebtesten Aktivitäten auf der Insel. Man gelangt so etwa bis zu den idyllischen Wasserfällen von Nam Thok Than Mayrom, wo ein romantisches Bad im Süßwasser Pflicht ist. Es ist unmöglich, sich hier zu langweilen: Die Besucher finden Dörfer, Märkte (die lokal angebauten Ananas sollen die süßesten Thailands sein!), buddhistische Tempel, die auf Felsgipfeln errichtet wurden, Orchideengärten und sogar Kautschukplantagen, auf denen man helfen kann, die Milch aus den Pflanzen zu gewinnen. Überall in der Umgebung befinden sich klassische Tropenstrände, und das Meer entdeckt man am besten bei einer Fahrt mit einer der typischen Barken mit »langem Schwanz«. Auch tauchen kann man hier hervorragend, zum Beispiel zu einem Wrack: Das Kriegsschiff der Königlichen Thailändischen Marine wurde hier von den Franzosen versenkt während der einzigen (und unglücklich verlaufenen) Teilnahme des Königs von Siam am Zweiten Weltkrieg.

126 Nur einen Steinwurf vom Meer entfernt erhebt sich ein kleiner Tempel. Die hier als Opfergaben niedergelegten Lebensmittel und Blumen verdeutlichen, welche Heiligkeit die thailändische Kultur der Natur zuschreibt. Im »Land des Lächelns« bekennen sich neunzig Prozent der Bevölkerung zum Buddhismus.

126-127 Der halbkreisförmige Strand von Hat Tha Nam in Ko Changs Süden wird auch Lonely Beach genannt. Die urwüchsige Natur dieser Insel im Süden von Thailand wird von einem Meeresnationalpark geschützt, zu dem auch ein winziger Archipel von Satelliteninseln gehört.

WISSENSWERTES

- **Staat:** Thailand
- **Fläche:** 217 km²
- **Entfernung zum Festland:** 8 km (ab Trat an der Südküste des Golfes von Thailand)
- **Bevölkerung:** 6300 Einwohner
- **Hauptort:** Ko Chang
- **Klima:** Tropisch-feucht; Durchschnittstemperaturen: 25 °C bis 32 °C; die Trockenzeit dauert von November bis Mai.
- **Landessprache:** Thailändisch
- **Währung:** Baht

WISSENSWERTES

- **Staat:** Vietnam
- **Fläche:** 574 km²
- **Entfernung zum Festland:** 15 km (ab der Küste Kambodschas)
- **Bevölkerung:** 93 000 Einwohner
- **Hauptort:** Duong Dong
- **Klima:** Feucht-tropisch; die Trockenzeit dauert von November bis Mai.
- **Landessprache:** Vietnamesisch
- **Währung:** Dong

Phu Quoc

Vietnam

EIN EXOTISCHER COCKTAIL, DER DIE SÜSSE VON MANGO UND KOKOSNUSS MIT DER SCHÄRFE EINER BERÜHMTEN FISCHSAUCE VEREINT

Wie alle Asiaten finden auch die Vietnamesen gebräunte Haut nicht schön. Sie gehen darum nur nach Sonnenuntergang an den Strand, um die vom Meer kommende Brise zu genießen und in Gesellschaft ein Bier zu trinken. Und wenn sie sich doch einmal der Sonne aussetzen müssen, schützen sie sich mit einem typischen konischen Hut.

In den Augen der Vietnamesen ist das Besonderste an Phu Quoc, dass auf der Insel die Fischsauce *nuoc mam* hergestellt wird, ein Allround-Gewürz in Südostasiens Küche. Gewonnen wird es aus *na com*, kleinen, transparent wirkenden Fischen, die in großen Schwärmen vor der Insel leben. Man legt sie einige Tage in Holzfässern in Salz ein und presst sie langsam immer weiter zusammen, um die Flüssigkeit herauszubekommen. Wie bei Olivenöl ergibt die erste Pressung die beste Sauce. Bei der zweiten entsteht ein beißender Geruch, der unsichtbar wie Nebel einen übelriechenden Schleier über die chaotische, bunte Inselhauptstadt Duong Dong legt. Das mag nicht sehr verlockend klingen, doch nach kurzer Zeit gewöhnt man sich an den Geruch, und da die nationale Küche die raffinierteste und köstlichste in diesem Teil der Welt ist, nimmt man ihn gerne in Kauf.

Zudem ist Phu Quoc einfach herrlich. Vietnams größte Insel, eingebettet in den Golf von Thailand und unweit des riesigen Mekong-Deltas gelegen, gilt häufig als Phukets Zwilling (zumindest so lange, bis Phuket zum Zentrum des thailändischen Massentourismus wurde). Ihre bezaubernden, von Mangobäumen und Kokospalmen gesäumten Strände, vom fast zwanzig Kilometer langen Bai Thruong (Westküste) bis zum Bai Sao mit dem weißen Sand und dem kristallklaren Meer (Ostküste), sind meist menschenleer. Durch die hübschen Fischerdörfer mit ihren Pfahlbauten führen blaue, instabile Plankenwege, und im Inselinneren wechseln sich Pfefferplantagen mit Vietnams letzten Urwäldern ab. Letztere schützt der 2001 gegründete Nationalpark Phu Quoc.

128-129 *Einer der einsamen Strände Phu Quocs im offenen Meer am Mekong-Delta. Man kommt hier kaum umhin, sich im Golf von Thailand treiben zu lassen und in tropischen Träumen zu schwelgen.*

129 *Die Hauptstadt Duong Duong liegt an der Westküste dieser grossartigen Insel. Hier wurde die Landschaft dem Menschen mehr untertan gemacht als an anderen Orten auf Phu Quoc.*

130-131 Ein Meer aus Fischer- und Hausbooten wiegt sich im kanalartig angelegten Hafen und erinnert an eine typische Postkarte aus einem südostasiatischen Land. Den unvergleichlichen Geruch, der hier in der Luft liegt, kann die Karte jedoch nicht transportieren: Der eigenwillige Duft rührt von der fermentierenden Fischsauce her, die wesentlicher Bestandteil der lokalen Küche ist.

131 Die Obststände auf dem Markt von Duong Duong präsentieren sorgsam und harmonisch drapiert die Erzeugnisse der Inselwirtschaft.

Langkawi

Langkawi-Archipel ▪ Malaysia

DIE SPEKTAKULÄRSTE BRÜCKE DES ASIATISCHEN KONTINENTS UND EIN ATEMBERAUBENDES PANORAMA AUF URWÜCHSIGE REGENWÄLDER

In einem anderen Land hätten Naturschützer protestiert, und man hätte öffentlich die Beachtung der ethischen Aspekte des Umweltschutzes angemahnt – doch nicht so in Malaysia, eine der aufstrebenden Nationen des Neuen Asien: Hier errichtete man mit breiter allgemeiner Zustimmung eine Fußgängerbrücke ausschließlich für Touristen. Die Langkawi Sky Bridge windet sich, unterbrochen von drei dreieckigen Plattformen, in 700 Metern Höhe über dem Meer 125 Meter weit hinauf auf den Gipfel des Gunung Mat Chinchang. Von hier eröffnet sich ein überwältigender Panoramablick auf die Urwälder Langkawis und die herrlichen Farben der Andamanensee. Die mit einer Gondel erreichbare Brücke zählt heute zu den größten Attraktionen der Insel, zumindest für die vermögenden asiatischen Touristen, unter denen Langkawi ein äußerst beliebtes Reiseziel ist, zusammen mit den 99 kleinen Inseln, deren Krone es bildet.

Die malaiische Regierung hat die Inselgruppe 1987 zur zollfreien Zone erklärt, woraufhin sich die Hauptstadt Kuah (deren Name in der einheimischen Sprache kurioserweise »Salsa-Ketchup« bedeutet) und das örtliche Resort Pantai Chenang in einen neonfarbenen Dschungel aus glitzernden Shoppingcentern und Unterhaltungslokalen entwickelten. Die gute Nachricht ist, dass die Kommerzialisierung auf asiatische Art noch nicht die ganze Insel erfasst hat, jedenfalls für den Augenblick. Es gibt natürlich eine mehr oder weniger touristisch ausgerichtete, luxuriöse Infrastruktur, doch die Insel wartet auch noch mit 10 000 Hektar Wald auf und mit Felsformationen, die bezaubernde Seen und Wasserfälle einfassen. Dank ihrem großen naturalistischen und geologischen Wert wurde sie von der UNESCO in das Global Geoparks Network aufgenommen.

In Langkawis Innerem verstecken sich herrliche kultivierte Landschaften, von Reisfeldern bis zu Gärten voller Früchte und tropischer Blumen. Entlang seiner Küste erstrecken sich zauberhafte, von Kokospalmen gesäumte Strände, von denen viele überraschenderweise noch nahezu unberührt und wild sind – nicht zuletzt dank der malaiischen Touristenmassen, welche die Hochglanznatur in der Underwater World von Pantai Chenang bevorzugen.

132 OBEN *Die Langkawi Sky Bridge, eine kühn konstruierte Fussgängerbrücke, führt zum Gipfel des Gunung Mat Chinchang, mit 700 Metern der zweithöchste Berg auf der Insel.*

132 UNTEN *Im Oriental Village befindet sich die Talstation der Seilbahn auf den Gunung Mat Chinchang. Der Ort liegt an einem kleinen See und ist ein beliebtes Ziel bei Ausflüglern.*

132-133 *Auf der Fahrt mit der Seilbahn auf den Gunung Mat Chinchang geniesst man einen atemberaubenden Panoramablick auf die Strasse von Malakka, die die Malaiische Halbinsel von Indonesien trennt.*

WISSENSWERTES

- **Staat:** Malaysia
- **Fläche:** 320 km²
- **Entfernung zum Festland:** 28 km (ab Trat an der Westküste Malaysias)
- **Bevölkerung:** 64 792 Einwohner
- **Hauptort:** Kuah
- **Klima:** Tropisch-feucht; Durchschnittstemperaturen: 28 °C bis 35 °C.
- **Landessprache:** Bahasa Malaysia
- **Währung:** Ringgit

WISSENSWERTES

- **Staat:** Malaysia
- **Fläche:** 133,6 km²
- **Entfernung zum Festland:** 32 km
- **Bevölkerung:** 2650 Einwohner
- **Hauptort:** Kampung Tekek
- **Klima:** Äquatorial; Durchschnittstemperaturen: 21 °C bis 32 °C; am meisten Niederschlag fällt zwischen November und Februar.
- **Landessprache:** Malaiisch
- **Währung:** Ringgit

Tioman

Ostmalaiischer Archipel ▪ Malaysia

Die Insel der »freundlichen Warane«, auf der am Monkey Beach Makaken die arglosen Badegäste necken

Während eines Strandtags auf Tioman kann man sich schon einmal plötzlich einer ein Meter langen Echse gegenüber wiederfinden – genauer gesagt einem Komodowaran, der versucht, Freundschaft zu schließen, indem er kehlige Laute von sich gibt und seinen langen Schwanz schüttelt. Dieses Reptil hat noch nie einen Schönheitswettbewerb gewonnen und sieht erschreckend aus, aber in Wirklichkeit ist es ganz harmlos.

Nach einer Legende sind die auf Tioman zahlreich vertretenen Komodowarane Nachkommen einer Drachenprinzessin, die auf der Reise von China zu ihrem Bräutigam nach Singapur auf der Insel Rast machte und sie so schön fand, dass sie für immer blieb und ihren Geliebten vergaß. Dank dieser Geschichte wurden auch die Minidrachen Teil des Zaubers von Tioman, eines der größten Eilande vor der Malaiischen Halbinsel. Das Paradies für Touristen und Naturforscher ist buchstäblich von Urwald überzogen, gesegnet mit einer überbordenden Land- und Meeresfauna und insgesamt eine Art außergewöhnliches (und verletzliches) ökologisches Labor. Doch auch all jene, die hier nur ein paar Tage am Meer ausspannen möchten, begeistert Tiomans üppige Natur. Die Insel ist natürlich geblieben, obwohl sie in der Rangliste der touristischen Ziele in Südostasien aufgestiegen ist – zumindest für den Moment: Es gibt nur wenige Resorts von internationalem Niveau, und man übernachtet in der Regel in einfachen, günstigen Pfahlbauten im Meer. Statt echter Straßen findet man nur ein paar Pfade, die alle in den Wald führen. Die malaiischen Fischer in ihren bunten Barken übernehmen die Rolle der Taxen und bringen die Touristen von einem Dorf ins nächste und von einem Strand zum nächsten.

Vor allen Stränden aber erstreckt sich ein Korallenriff, das zum Schnorcheln einlädt. Die schönsten Buchten sind Juara mit dem Zentrum für den Schutz von Meeresschildkröten und Monkey Beach, benannt nach seiner sehr dichten Makakenpopulation. Diese Tiere sind wesentlich sympathischer als die Komodowarane – allerdings auch sehr viel respektloser im Umgang mit den Badegästen!

134-135 Das intensive Grün der Küste, das seinen Ursprung im ungezähmten Inselinneren hat, wird nur an wenigen Stellen von einem goldfarbenen Strand unterbrochen. An der Ostküste etwa erstreckt sich der unendlich lange Strand von Juara, an dem es ein Schutzzentrum für Meeresschildkröten gibt.

135 oben Beeindruckende Felsgipfel, Regenwälder mit großer Artenvielfalt, Strände und Gewässer, wie man sie sich nicht schöner erträumen könnte: Diese traumhafte Insel im Osten Malaysias erfüllt wirklich alle Sehnsüchte.

135 unten Tioman war dank seiner Süsswasserquellen mehr als ein Jahrhundert lang ein wichtiges Ziel für chinesische, arabische und europäische Fischer und Kaufleute. In den Gewässern vor der Insel sind heute zahlreiche Relikte aus dem Zweiten Weltkrieg zu entdecken.

Bali

Sunda-Archipel ▪ Indonesien

Ein international beliebtes Reiseziel voller natürlicher Eleganz, das garantiert jeden Reisenden verzaubert

Indonesien, mit 17 508 Inseln der größte Archipel der Erde, dehnt sich 5120 Kilometer weit im Indischen Ozean aus. Nach Schätzungen der indonesischen Regierung aber werden 90 Prozent der Touristen von einer einzigen Insel angelockt, nämlich von Bali. Da fragt man sich doch, wie Bali diese starke Konkurrenz ausstechen, ja, gar zu einer regelrechten Marke werden konnte: Der Bali-Style (so philologisch nicht ganz korrekt, aber eingängig formuliert) gibt den Maßstab für Fünf-Sterne-Resorts auf der ganzen Welt vor.

Etwa zeitgleich mit Gauguins Polynesien-Entdeckung kam auf Bali die erste Künstlerschar an, angezogen von den üppigen Landschaften rund um Ubud im Inneren und von der speziellen Form des Hinduismus, den Ubuds Bewohner praktizierten. Ihre religiöse Orientierung, eine Kombination aus verschiedenen buddhistischen Elementen, gründete auf der Durchdringung von Sekala und Nishala, der sichtbaren und der unsichtbaren Welt. Es entstanden Rituale daraus, praktiziert mit einer heute sprichwörtlichen Anmut und Heiterkeit. Bis heute ist Ubud eine Art tropisches Montmartre, sozusagen die Bonbonniere Indiens: Hier verbringt man seine Zeit zwischen Luxus und Spiritualität. Statt typischer indischer Gerüche duften Frangipani-Blüten um die Wette. Man muss seinen Magen nicht an höllisch scharfes Curry gewöhnen, sondern darf ihn mit *babi guling* verwöhnen (gegrilltes Ferkel gilt als die deliziöseste der lokalen Spezialitäten). Tänzer, Schauspieler und Musikanten geben jede Woche etwa sechzig verschiedene Vorstellungen – Tänze wie Legong und Kecak, Inszenierungen des Ramayana-Epos, Wayang-Schattenspiele mit Marionetten –, für die stets die pittoreskesten Kulissen gewählt werden, von Lotosblütenseen über harmonisch konstruierte Tempel bis zu Königspalästen.

Das Meer mit seinen hohen Wellen und starken Strömungen eignet sich meist nicht zum Baden, aber perfekt zum Surfen. Oft wird Bali denn auch als das Hawaii der Australier bezeichnet, die häufig an dem langen Strand von Kuta oder an den Spots vor den Landzungen von Bukit anzutreffen sind. Aber eigentlich ist das Meer auf Bali nur ein wunderbarer Rahmen für einen exotischen, erholsamen Urlaub. Die Insel versteht es, jedem etwas Einzigartiges zu schenken: von ausschweifender Zerstreuung in schicken Diskotheken am Strand von Seminyak bis zu Romantik pur in den Buchten an der Nordostküste, die überraschenderweise noch immer (fast) Geheimtipps sind.

136 Ein Mosaik aus Reisfeldern, Terrassenfeldern und Palmen zeigt sich im Osten von Bali. Die Insel, Ziel von 90 Prozent aller Indonesien-Touristen, hat einen eigenen, authentischen Urlaubsstil geprägt.

136-137 Ein Blick auf die mit großzügigen Wasserflächen aufgelockerten Gärten des Tirtta Ganga Water Palace in der Nähe von Amlapura. Der Name des Parks bedeutet »Wasser des Ganges« und spiegelt den hinduistischen Glauben wider, der auf der Insel in einer ganz speziellen Form praktiziert wird.

WISSENSWERTES

- **Staat:** Indonesien
- **Fläche:** 5561 km²
- **Entfernung zum Festland:** 1639 km (ab Singapur)
- **Bevölkerung:** 3 550 000 Einwohner
- **Hauptort:** Denpasar
- **Klima:** Tropisch; Durchschnittstemperaturen: 21 °C bis 31 °C.
- **Landessprache:** Bahasa Indonesia, Balinesisch
- **Währung:** Indonesische Rupiah

138 Die traditionellen Tänze, zentrale Elemente der reichen balinesischen Kultur, werden gewissermassen überall aufgeführt. Inspiriert vom hinduistischen Ramayana-Mythos gibt es sie in vielfältigen Abwandlungen. Der Legong und der Kecak sind wohl die bekanntesten Variationen.

138-139 Der faszinierende Tanah Lot ist einer der Tempel im Meer, die für Bali so typisch sind. Er thront auf einem kleinen Kap vor der Südwestküste und ist darum nur bei Ebbe erreichbar. Der Tempel gehört zu den am häufigsten fotografierten Motiven der indonesischen Insel.

140 OBEN Surfer bei Kuta, die sich und ihre Bretter für einen Ritt auf den Wellen vorbereiten. Bali ist bekannt für seine abwechslungsreichen Spots wie Dreamland, Balangan, Padang Padang und Uluwatu, die besten Bedingungen zum Surfen herrschen von Oktober bis April.

140 UNTEN Nicht an allen Küsten Balis finden sich solche weissen Sandstrände, die von felsigen Erhebungen begrenzt werden: Der Lovina Beach an der Nordküste zum Beispiel ist von schwarzem Sand bedeckt – und ein Startpunkt für Ausflüge zu den Delfinen.

141 Der Strand von Nusa Dua erstreckt sich auf dem westlichsten Ausläufer der Insel. Das ruhige Meer hier und sein feinkörniger Sand haben ihn zu einem beliebten Ziel für Badeurlaub gemacht. Von hier aus ist es nicht mehr weit bis zu Balis internationalem Flughafen.

Bunaken

INDONESIEN

BUNT SCHILLERNDE WEICHTIERE UND 2500 FISCHARTEN, DIE IN EINEM KORALLEN-KALEIDOSKOP TANZEN

Taucher werden in verschiedene Kategorien eingeteilt, gemessen an ihrem technischen Können und an der Dauer ihrer Tauchgänge und der Anzahl der Tauschspots, die sie weltweit schon beehrt haben. Die alten Hasen dieses Sports aber betonen immer wieder, dass es mehr braucht, um ein wirklich guter Taucher zu werden: Man muss eine Art innere Ruhe mitbringen und aufhören, die Qualität eines Tauchgangs davon abhängig zu machen, ob man besonders große oder potenziell gefährliche Fische zu Gesicht bekommen hat. Das »Tauchabitur« hat man erst, wenn man seine Aufmerksamkeit auf all das zu richten vermag, was mikroskopisch klein ist und wofür das Auge sozusagen zum Teleobjektiv werden muss.
Alle Taucher, die diese Fähigkeit erlernt haben, kennen das winzige Gebiet im offenen Meer vor der Nordküste von Sulawesi (übrigens eine der größten Inseln Indonesiens) mit seinen vielen Tauchspots, die zu den grandiosesten und am besten erreichbaren der Welt gehören; hier erwarten einen perfekt vertikal aufragende Korallenwände, in denen es nur so wimmelt. Die Rede ist von der kleinen Insel Bunaken.
Der hiesige gleichnamige Meerespark, gesegnet mit lauwarmem, klarem, bis zu 2000 Meter tiefem Wasser, birgt die größte unterseeische Artenvielfalt der Erde: Hier leben 70 Korallenarten, 2500 Fischspezies – die 70 Prozent des Gesamtbestands im indisch-pazifischen Raum ausmachen – und fast ebenso viele Nacktschnecken. Letztere, eine ganze Armada fotogener Weichtiere in seltsamen Formen und leuchtenden Farben, sind die lokalen Superstars.
Der 1991 gegründete Park nimmt 89 065 Hektar ein; davon sind kaum drei Prozent Landfläche: Bunaken und die kleinen Inseln Manado Tua, Mantehage, Nain und Siladen. An der Küste von Bunaken reihen sich zahllose schlichte Tauchresorts aneinander, deren Gäste schnell entdecken werden, dass es auch oberhalb des Meeres Schätze zu entdecken gibt: Die von Urwald und Mangroven bedeckte Insel ist ein perfekter Mikrokosmos. Hier leben Christen und Muslime harmonisch in einem Dorf zusammen, hier versteht man es, den traditionellen mit dem Fischfang eng verbundenen Lebensstil mit dem Tourismus zu vereinbaren. Und hier setzt man auf Nachhaltigkeit: Die indonesische Regierung hat Bunaken als Standort für die größte und effizienteste Fotovoltaikanlage des riesigen Archipels ausgewählt.

142 OBEN *So stellt man sich eine Postkarte aus Bunaken vor. Die Insel gab einem ausgedehnten Unterwassernationalpark den Namen, der die mit unglaublicher Artenvielfalt gesegneten Gewässer im Sunda-Archipel schützt. Letzteres ist nur eines der Mitglieder in der Inselgalaxie Indonesiens.*

142 UNTEN *Die Echte Karettschildkröte Eretmochelys imbricata erkennt man an ihrem typischen Rückenschild aus mehreren, ziegelartig übereinander geschichteten knöchernen Platten. Diese Schildkrötenart bevorzugt tiefe, schwammreiche Gewässer.*

142-143 *Die große Kirche von Minahesa, im Hintergrund die Hänge des Vulkans Manado Tua. Auf Bunaken koexistieren zahlreiche christliche und muslimische Gemeinden.*

WISSENSWERTES

- **Staat:** Indonesien
- **Fläche:** 8 km²
- **Entfernung zum Festland:** 2333 km (ab Singapur), 18 km (ab der Stadt Manado auf Sulawesi)
- **Bevölkerung:** 2800 Einwohner
- **Hauptort:** Bunaken
- **Klima:** Äquatorial; die Trockenzeit dauert von März bis Oktober.
- **Landessprache:** Bahasa Indonesia
- **Währung:** Indonesische Rupiah

Palawan

Palawan-Archipel ▪ Philippinen

EINE ECHTE ÜBERRASCHUNG UNTER TAGE, ZU ERLEBEN BEI EINER SCHLAUCHBOOTFAHRT AUF EINEM UNTERIRDISCHEN FLUSS, DER IN EINE KARSTLANDSCHAFT MÜNDET

Die schlechte Nachricht zuerst: Auf Palawan – unter dessen Namen die große Hauptinsel des Archipels und weitere 1700 Inseln und Felsen zusammengefasst sind – leben hochgiftige Kobras und Pythons, die bis zu acht Meter lang werden, zudem eine endemische Skorpionart, die bis zu 18 Zentimeter groß wird. Und in der Regenzeit werden einige Gebiete von Mücken mit dem Malariavirus aufgesucht.
Jetzt aber zu den guten Nachrichten, die die schlechten sofort vergessen lassen und vor allem allen Abenteuerfans gefallen werden: Der Archipel, der die größte Provinz der Philippinen bildet, ist zugleich auch der mit Abstand am stärksten pazifisch geprägte Teil des Landes. Es gibt hier keine politischen Spannungen und die Kriminalitätsrate ist sehr niedrig. Zwischen dem Sulusee und dem Südchinesischen Meer erstrecken sich insgesamt mehr als 2000 Kilometer Küste, bestehend aus weißen Stränden, Mangrovenlabyrinthen und bezaubernden Felsen, die von üppiger Vegetation bedeckt sind. Zu Palawan gehören ferner 11 000 Quadratkilometer Korallenriff, die zusammengefasst sind im Nationalpark Tubbataha Reef, einem UNESCO-Welterbe. Der tolle Unterwasserpark birgt eine Artenvielfalt, wie sie kaum sonst irgendwo zu finden ist.
Die meisten Touristen steuern El Nido an, ein ehemaliges Fischerdorf zwischen den Felsen der Nordküste. Von hier aus erreicht man die großartigen Inselchen und Lagunen des Archipels, um den verschiedensten Wassersportaktivitäten zu frönen: von Tauchen über Schnorcheln bis Kajakfahren. Doch das ist nur ein kleiner Teil der vielen Möglichkeiten, sich die Zeit zu vertreiben. Das Inselinnere wirkt wie ein Schachbrett aus geschütztem Dschungel, verblüffender Flora und Fauna und den Dörfern der indigenen Bevölkerung der Tagbanua, der Palaw'an, der Tau't bato und der Batak. Auch der Karstboden ist außergewöhnlich: Etwa 20 Kilometer von der Hauptstadt Puerto Princesa entfernt fließt ein Gewässer durch Kanäle aus Stalaktiten und Stalagmiten, geschützt vom Puerto Princesa Subterranean River National Park. Die Magie des Flusses lässt sich am besten bei einer Schlauchbootfahrt (und mit Taschenlampe) entdecken – schon allein dieses Erlebnis lohnt die Reise!

144 Aus der Vogelperspektive kann man die Strände Palawans am besten bewundern. Teile der Gewässer vor der Insel werden von dem Nationalpark Tubbathaha Reef geschützt, der UNESCO-Welterbe ist.

144-145 In der Nähe des Fischerdorfs El Nido erstrecken sich kleine, smaragdfarben schimmernde Buchten und Lagunen, unterbrochen von rauen Felsen und Überresten von Regenwäldern. Sie sind sicher der offensichtlichste Touristenmagnet, doch auch die hiesigen Unterwasserwelten haben viel zu bieten.

WISSENSWERTES

- **Staat:** Philippinen
- **Fläche:** 14 896 km²
- **Entfernung zum Festland:** 198 km (ab der Stadt Kota Kinabalu auf dem malaiischen Borneo)
- **Bevölkerung:** 682 152 Einwohner
- **Hauptort:** Puerto Princesa
- **Klima:** Äquatorial; die Trockenzeit dauert von März bis Oktober.
- **Landessprache:** Filipino und verschiedene Dialekte
- **Währung:** Philippinischer Peso

146 Die Natur auf dem philippinischen Archipel hält tausenderlei Attraktionen bereit: Wenn etwa diese gebogene Sandzunge mit ihrem korallenroten Sand bei Ebbe zutage tritt, umschmeichelt sie das sich kräuselnde Meer.

147 Das stetige Spiel der Strömungen zwischen den Riffen zeichnet ein menschliches Gesicht, dessen Augen die beiden Lagunen bilden. Aufgenommen wurde dieses Bild von einem Ort in der Nähe von Puerto Princesa, der 306 Seemeilen südwestlich von Manila gelegenen Hauptstadt Palawans.

WISSENSWERTES

- **Staat:** Philippinen
- **Fläche:** 9,67 km^2
- **Entfernung zum Festland:** 350 km ab Manila, 1020 km ab der Küste Vietnams
- **Bevölkerung:** 12 000 Einwohner
- **Hauptort:** Cagban
- **Klima:** tropisch-feucht
- **Landessprache:** Filipino, Tagalog, Aklanon, Englisch
- **Währung:** Philippinischer Peso

Boracay

Philippinen

DIE JÜNGSTE VERHEISSUNG DER PHILIPPINEN, KLEIN, ABER SEHR SPORTLICH, UND ABSOLUT KEIN ORT FÜR LANGWEILE

Auf Boracay gibt es zwei Jahreszeiten, die auf Tagalog *amihan* und *habagat* heißen. Während Ersterer weht eine frische Brise aus Osten und lässt die Wellen auf der Sulusee steigen. Sie fegt die Wolken weg und schenkt der Insel ein trockenes Klima und strahlenden Sonnenschein. In der zweiten Jahreszeit, während habagat, blasen dann wärmere Winde in die entgegengesetzte Richtung; sie peitschen die Sulusee auf und bringen viel Regen, der als Segen empfangen wird.
Es nimmt denn auch nicht Wunder, dass die Touristensaison mit *amihan* zusammenfällt. Auf der kleinen, lang gezogenen Insel nördlich des Panay-Archipels gönnt man sich jedoch auch sonst keine Pause zur Erholung. Boracay wurde Anfang der 1960er-Jahre von westlichen Reisenden entdeckt und hat sich seither zu einer Kapitale für Ferien auf den Philippinen entwickelt. Der Jahresrhythmus wird hier von einem festgeschriebenen Veranstaltungskalender bestimmt, der für jeden Monat Events bereithält: eine Weltmeisterschaft im Surfen und Kitesurfen, ein Frisbee-Turnier, internationale Wettbewerbe im Fairways & Bluewater Golf & Country Club, dessen 18 Löcher vom australischen Golfguru Graham Marsh entworfen wurden, eine exotische Drachenbootregatta …
Kurz und gut, Boracay bietet für jeden etwas. Der White Beach mit seinem Puderzuckerstrand, der sich fast über die ganze Westküste erstreckt, wird während *amihan* von einem ruhigen Meer geküsst, in dem sich der Himmel spiegelt.
Hauptsächlich ihm hat die Insel ihre Popularität bei den Reisenden zu verdanken. Seine drei Abschnitte, lakonisch Sektor 1, 2 und 3 genannt, sind mit dieser Rangordnung entsprechenden Unterkünften versehen – von superluxuriös bis Backpacker-Style. Hier spielt sich der reinste Ferienzirkus ab: Man treibt Sport zu Wasser und in der Luft, faulenzt, genießt Bäder und Massagen und feiert in den zahlreichen kleinen Lokalen unter den Palmen Cocktail- und Strandpartys.
Wer dagegen etwas Einsamkeit à la Robinson sucht, dem empfiehlt sich der wilde Puka Beach: Hier kann man bei Sonnenuntergang spazieren gehen und dabei lichtdurchlässige Puka-Muscheln sammeln, oder man startet von hier aus zu einem Ausflug zu den Höhlen, die die kleinen Buchten der Sulusee spicken. In ihnen leben gigantische Fledermäuse, zu Halloween eine Touristenattraktion. Ja, selbst dieses amerikanische Fest hat seinen Platz im Kalender der kleinen Insel.

148-149 Bungalows und Terrassen auf einem Felsen auf Boracay, nordwestlich von Panay gelegen. Die Insel ist sehr beliebt bei Wassersportlern jeglicher Fasson.

149 Kleine Felsformationen sprenkeln den Strand White Sands an der Westküste. Er erstreckt sich über dreieinhalb Kilometer und damit über die Hälfte der Gesamtlänge der Insel und ist der Liebling der Besucher Boracays.

WISSENSWERTES

- **Staat:** Florida (USA)
- **Fläche:** 47,14 km²
- **Entfernung zum Festland:** durch zwei Brücken mit der Küste Floridas verbunden
- **Bevölkerung:** 21 181 Einwohner
- **Hauptort:** Fernandina Beach
- **Klima:** Subtropisch; Temperaturen von 23 °C im November bis 32 °C im Juli.
- **Landessprache:** Englisch
- **Währung:** US-Dollar

Amelia Island

Sea Islands ▪ USA

AMELIA UND FERNANDINA – ZWEI ADELIGE NAMEN FÜR EINEN ZUFLUCHTSORT, DER DEN CHARME DER ALTEN WELT VERSTRÖMT

Am zweiten Wochenende im März findet die Amelia Island Concours d'Elegance statt – laut der angesehenen *New York Times* ein mondänes Ereignis, das in den USA einen Status genießt wie in England das Pferderennen von Ascot. Nun laufen auf der nördlicheren der Barriereinseln vor Floridas Küste, die die Atlantikwinde abhalten, natürlich keine Pferde. Es handelt sich vielmehr um einen Schönheitswettbewerb für Oldtimer, der wohlhabende Sammler aus allen Teilen des Landes anlockt und eine Atmosphäre von Glamour und »altem Geld« versprüht.

Der Ruf von Amelia Island als Insel der Reichen und Schönen stammt übrigens aus dem 19. Jahrhundert, und in gewisser Hinsicht ist er schuld daran, dass »man« den Sommer in Florida verbringt. Damals kamen 50 000 Touristen von New York und Boston an Bord luxuriöser Dampfschiffe nach Amelia Island und machten die Insel – die nach der Tochter von König Georges III. von England benannt ist – zur »Königin der Sommerfrische«. Doch schon vor dieser Zeit war sie eine sehr ambitionierte Kandidatin, wenngleich mit anderen Zielen: Die »Insel der acht Flaggen« stellte seit 1582 den Streitapfel aller großen Kolonisationsmächte dar, bis zu ihrer Annektierung durch Florida. Man findet hier zahllose historische Gebäude, von einem uralten spanischen Fort bis hin zu herrlichen Herrenhäusern in viktorianischem Stil. Die schönsten Vertreter der letzteren Gattung stehen übrigens in der Kleinstadt Fernandina Beach, wo auch die älteste Bar des Staates zu Hause ist: Den Palace Saloon gibt es seit hundert Jahren. Ihrer adeligen Vergangenheit treu geblieben, wird Amelia Island auch heute noch von einer kultivierten, eleganten Elite mit einer Vorliebe für das »Alte Europa« besucht. Man schätzt nicht zuletzt den reizvollen Kontrast, den die 25 exklusiven Golfanlagen und die hiesige unberührte Natur bilden. 21 Kilometer weißen Sandstrand bieten die Küsten, und im Inselinneren beherbergen Sumpfgebiete 250 Arten von Meeresvögeln und ein paar wilde Alligatoren.

150–151 Golfplätze, an denen Atlantikwellen branden, Puderzuckerstrände und eine elegant-entspannte Atmosphäre sind die Markenzeichen dieser Insel. Ein Labyrinth von Wasserläufen trennt Amelia Island von der nordöstlichen Küste Floridas, eine Brücke verbindet sie damit.

151 Im historischen Zentrum Fernandinas sind noch viele prächtige viktorianische Herrenhäuser zu bewundern. Ausgeschilderte Wege führen durch das interessante Ensemble, das von der glanzvollen Vergangenheit der Insel zeugt.

WISSENSWERTES
- **Staat:** USA (Florida)
- **Fläche:** 15,4 km²
- **Entfernung zum Festland:** über eine Brücke mit Florida verbunden. (Key West ist die südlichste Stadt der US-Kontinentalstaaten.)
- **Bevölkerung:** 25 478 Einwohner
- **Hauptort:** Key West
- **Klima:** Tropisch, gemäßigt durch den Golfstrom; die Trockenzeit dauert von November bis April
- **Landessprache:** Englisch
- **Währung:** US-Dollar

Key West

Florida Keys • USA

Mit der Zauberformel »Miami vergessen« auf zur Erkundung der Inselchen, die wie eine Perlenkette im Wasser treiben

Im April 1982 startete die amerikanische Grenzpolizei eine Kampagne zur Nulltoleranz gegenüber illegalen Einwanderern aus der Karibik. Die dafür errichteten Kontrollposten auf den Straßen und im Meer vor den Keys haben das Leben der Bewohner von Key West stark durcheinandergebracht, und am Ende taten sich einige von ihnen zusammen und initiierten aus Protest einen Staatsstreich: Sie riefen die unabhängige Conch Republic aus. Deren erste Verfechter wurden zwar nach kürzester Zeit von der amerikanischen Marine verhaftet, doch die neue »Nation« ließ sich nicht unterkriegen. Man beharrte auf seinem Anspruch auf das gesamte Territorium der Florida Keys und lehnte sich gegen den Imperialismus der Vereinigten Staaten auf. Die Bewohner von Key West gaben ihre Pässe ab und verfolgten weiter ihre Strategie, »die internationalen politischen Spannungen durch Humor zu lösen«.
Der Jahrestag der Proklamation wird auf Key West mit einem Fest gefeiert, das zu den beliebtesten touristischen Veranstaltungen des Jahres gehört. »Großereignisse« finden hier aber jeden Tag statt. Das bunte Treiben abends in den legendären Pubs in der Duval Street, wenn sich Einheimische und Touristen mit tosendem Applaus, Musik und vielen Drinks von der Sonne verabschieden, ist ein wahres Spektakel. Hier zollt man eben auch den einfachen Dingen großen Respekt.
Die flache, sandige Insel ist zu einem Symbol für den Sunshine State geworden. Sie fügt sich ein in eine Reihe von vielen Inseln im Golf von Mexiko, die beinahe bis nach Kuba reicht. Und wie diese anderen wartet sie auf mit wunderschönen Stränden und allen Möglichkeiten für einen Aktivurlaub, die man sich nur wünschen kann, von Hochseetauchen bis Fischen (ganz zu schweigen natürlich von der amerikanischen Leidenschaft schlechthin: Golf).
Vor allem im Vergleich mit ihren Schwestern verströmt Key West eine ganz besondere Atmosphäre, entstanden aus ihrer Geschichte und aus den Erinnerungen an die außergewöhnlichen Persönlichkeiten, die hier ihren »Platz an der Sonne« gefunden haben. Präsident Harry Truman etwa verbrachte den Winter gerne in einem Herrenhaus auf der Insel mit dem vielsagenden Namen »Little White House«, und Ernest Hemingway schrieb hier *In einem andern Land* und *Wem die Stunde schlägt* – übrigens in guter Gesellschaft, beispielsweise von Tennessee Williams und einer Reihe anderer Künstler und Bohemiens.

152–153 Morgenröte über einer der Brücken, die wie eine 110 Meilen lange Kette die Inseln miteinander verbinden. Am Ende findet sich mit Key West das letzte bewohnte Fleckchen Erde im Archipel.

153 Jeden Abend küsst das warme Licht des Sonnenuntergangs die am Mallory Square auf Key West versammelte Menge. Die »Sunset Celebration« ist ein fixer täglicher Termin hier, zu dem sich auch Strassenkünstler einfinden und Stände mit Kunsthandwerk und Imbisse aufgebaut werden.

154–155 Auf Key West illustrieren nicht zuletzt Wandmalereien im Karibik-Stil die hier typische Lebensfreude und Heiterkeit. Das bunt bemalte Fahrrad wurde dieser Lebensart ebenfalls angepasst.

155 Elegante Bauten im Kolonialstil säumen die berühmte Duval Street. Sie durchquert die Stadt von Nord nach Süd – vom Golf von Mexiko bis zum Atlantik.

156–157 Strandliegen im Schatten der Palmen am Strand eines Resorts. Im Winter besuchen vor allem Amerikaner von der Ostküste die Florida Keys mit ihren feinen Sandstränden, dem kristallklaren Wasser und dem angenehmen Klima.

157 Die conch (Trompetenmuschel) ist eine beliebte lokale Spezialität: Ihr festes, pfirsichfarben-marmoriertes Fleisch, das roh verzehrt wird, schmeckt köstlich – einfach mit einem Messer herausschneiden, etwas Limettensaft und ein paar Gewürze darüber geben, fertig!

WISSENSWERTES
- **Staat:** Bahamas
- **Fläche:** 448 km²
- **Entfernung zum Festland:** 542 km (ab Miami, Florida)
- **Bevölkerung:** 4200 Einwohner
- **Hauptort:** Clarence Town
- **Klima:** Tropisch, gemäßigt durch die Passatwinde; die Trockenzeit dauert von November bis April.
- **Landessprache:** Englisch
- **Währung:** Bahama-Dollar

Long Island

BAHAMAS

130 KILOMETER FREIHEIT UND LEBENSFREUDE AM NÖRDLICHEN WENDEKREIS

Während der Dreharbeiten zu *Fluch der Karibik* erlag Johnny Depp dem Charme der Bahamas: Er kaufte für sich allein eine ganze Insel namens Little Halls Pond Cay – und bekam so einen anderen Schauspielgott zum Nachbarn: Nicolas Cage, den Eigentümer von Leaf Cay. Wenig später trat Multimillionär David Copperfield auf den Plan und erwarb Musha Cay, wo nach Ansicht vieler (s)ein Jungbrunnen steht. Bescheidener geben sich die drei Musiker Shakira, Roger Waters von Pink Floyd und der spanische Popstar Alejandro Sanz: Sie teilen sich die Insel Bonds Cay.

Die Liste der VIPs, denen ein Stück der Bahamas gehört, ließe sich noch weit fortführen. Das Ensemble aus etwa 700 Inseln (von denen 30 ständig bewohnt sind) ist ein Mekka für Immobilienmakler, die sich auf Luxusanwesen spezialisiert haben. Trotzdem, und das ist das Schöne an den Bahamas, muss man nicht zu den Happy Few gehören, um die ganz besondere Freiheit genießen zu können, die nur ein unberührter Strand zu bieten vermag. Eine Insel im Süden des Archipels, direkt am nördlichen Wendekreis, scheint eigens für solche Ferien à la Robinson Crusoe geschaffen worden zu sein: Long Island. Auf der 130 Kilometer langen und bis zu sechs Kilometer breiten Insel herrscht das beste Klima in der gesamten Karibik. Die hiesigen Strände, weich und schneeweiß, werden auf der einen Seite von Kokospalmen und tropischen Blumen umrahmt, auf der anderen von einem Meer in Metallic-Blau. Ein Strand entzückender als der andere, fassen sie (beinahe) die ganze Insel ein. Den absoluten Höhepunkt aber bildet das Cape Santa Maria, gelegen im äußersten Nordosten der Insel und an der Spitze der schönsten Strände der Erde. Das Kap hat auch eine historische Bedeutung, denn hier ging Christoph Kolumbus auf seiner Reise in die Neue Welt zum dritten Mal an Land (die ersten beiden Male waren auf San Salvador und auf Rum Cay). Der Name dieses Ortes ist übrigens eine Hommage an das Flaggschiff seiner Flotte. Auch im Hinblick auf Unterwasserschönheiten macht Long Island niemand etwas vor: Nahe Clarence Town verbirgt sich Dean's Blue Hole, die tiefste unterirdische Karstdoline der Welt. Ihre 202 Meter Tiefe stellt eine echte Herausforderung für die menschliche Lungenkapazität an. Im April 2010 drang der neuseeländische Taucher William Trubridge hier so weit vor wie nie ein Mensch vor ihm – der neue Weltrekord für das Tauchen ohne Flossen liegt seither bei 92 Metern!

158–159 Ein langgezogenes Stück Land, das von seiner tiefblauen, weitläufigen Lagune beschützt zu werden scheint: Willkommen auf Long Island, einer der 700 Inseln der Bahamas.

159 oben Das Dean's Blue Hole, mit 202 Metern die tiefste unterseeische Doline der Welt, gähnt in einer Bucht westlich der Hauptstadt Clarence Town.

159 unten Der Sandstrand von Cape Santa Maria im Nordosten der Insel gehört zu den schönsten Stränden der Welt. Benannt wurde er nach der Karavelle von Christoph Kolumbus, der hier zum dritten Mal den Boden der Neuen Welt betrat.

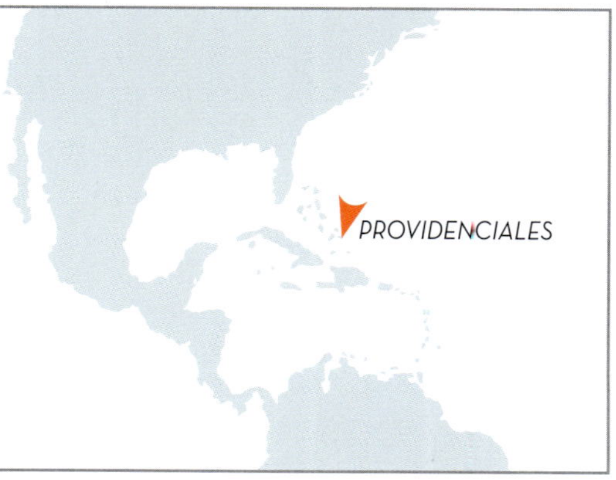

WISSENSWERTES

- **Staat:** Turks und Caicos (britisches Überseegebiet)
- **Fläche:** 98 km²
- **Entfernung zum Festland:** 925 km (ab Miami)
- **Bevölkerung:** 15 542 Einwohner
- **Hauptort:** Providenciales
- **Klima:** Tropisch, gemäßigt durch Passatwinde; die Trockenzeit dauert von November bis Mai.
- **Landessprache:** Englisch, lokale Kreol-Sprache
- **Währung:** US-Dollar

Providenciales

Turks- und Caicosinseln ▪ Britisches Überseegebiet

EIN STARK BRITISCH ANGEHAUCHTER ARCHIPEL MIT DOPPELNAMEN, DEM ES AN LUXUSUNTERKÜNFTEN, GOLFPLÄTZEN UND AMÜSEMENT NICHT MANGELT

Am 7. Dezember 1869 wurde der britische Gouverneur der Turks- und Caicosinseln beauftragt, Königin Victoria einen Entwurf für die Fahne seines überseeischen Territoriums zu präsentieren. Gesagt, getan – ein Jahr später traf in London eine Zeichnung ein: Zu sehen waren die britische Flagge und ein Wappen mit einem Salzberg, Symbol für das wichtigste (wenn nicht gar einzige) Exportgut des Archipels. Wiederum ein Jahr später wurde dem Gouverneur die offizielle Fahne überreicht, und er musste mit einer gewissen Enttäuschung feststellen, dass sein Salzberg in ein Iglu verwandelt worden war. Vermutlich aufgrund mangelhafter geografischer Kenntnisse war seine Skizze falsch verstanden worden …
Ironischerweise durften Turks und Caicos erst 1968 ihre Flagge ändern. Jetzt zieren sie Symbole, die besser zum hiesigen Breitengrad passen: ein Kaktus, eine Muschel und eine Languste. Früher waren diese Inseln übrigens nicht mehr als winzige Punkte auf der Landkarte, kleine im karibischen Blau verschollene Welten. Bis vor gut vierzig Jahren war auf der dichtest bevölkerten Insel Providenciales kein Auto gefahren. Dann jedoch wurde sie von den Franzosen entdeckt, genauer gesagt vom Urlaubsgiganten Club Mediterranée, der hier sein erstes Resort baute. Der Rest ist Geschichte: Die Insel, von Einwohnern und Stammgästen liebevoll »Provo« genannt, wurde im Jahr 2011 von Millionen Mitgliedern der Internet-Community TripAdvisor zum schönsten Ferienziel der Welt gewählt. Und in der Tat hat sie alles, was man sich nur wünschen kann: Luxusunterkünfte, eine britisch-schicke Atmosphäre, Golfplätze, ein ausschweifendes Nachtleben … und vor allem unendlich lange, weiße, wie Zuckerkristalle leuchtende Sandstrände vor einem paradiesischen Meer.
Taucher finden hier das drittgrößte Korallenriff der Erde mit reicher Fauna und ein paar Schiffswracks. Und direkt vor der Inselgruppe hat eine internationale Unterwasserexpedition ein uraltes Überbleibsel aus der Neuen Welt gefunden: eine Karavelle, deren Reise 1513 unglücklich endete.

160–161 Providenciales ist ein Paradies der Strände, des Luxus und der Erholung. Die 30 Turks- und Caicosinseln – zwei gehören zu ersteren, der Rest zu letzteren – schliessen sich im Süden an die Bahamas an und bilden einen der schönsten Archipele im amerikanischen Raum.

161 Die Strände und die niedrige Vegetation im Chalk Sound National Park wird von vereinzelten Villen gesprenkelt. Die natürliche Parkgrenze bildet eine Landzunge, die vom kristallklaren Wasser einer Lagune umschlossen wird.

Isla Mujeres

Mexiko

Herrliche Unterwasserwelten und viel Spiritualität in Sichtweite der Partyhochburg Yucátans

Niemand kennt sich so gut mit Haien aus wie Eugenie Clark. Die amerikanische Ichthyologin, die außerhalb der wissenschaftlichen Gemeinde als »Shark Lady« bekannt ist, hat ihr ganzes Leben der Erforschung ihrer Verhaltensweisen gewidmet. Als 1971 ein mexikanischer Taucher zahlreiche »eingeschlafene« Haie auf dem Boden einer Unterwasserhöhle im Meer der Isla Mujeres gefunden hatte, dürfte Clark denn auch Luftsprünge gemacht haben. Finanziell unterstützt von der National Geographic Society, fuhren sie und ihre Mannschaft zur Untersuchung dieses einmaligen Phänomens in den äußersten Osten Mexikos, Richtung Insel. Man fand heraus, dass aus einer Unterwasserquelle in Höhe der Höhle sehr sauerstoffreiches Wasser sprudelte; dank diesem konnten die Haie einige Stunden unbeweglich unter Wasser verharren, während kleine Fische ihre Haut von Mikroorganismen säuberten. Heute ist ein Tauchausflug zur »Höhle der schlafenden Haie« das spannendste Unterwassererlebnis im Parque Natural Garrafón, dem Naturschutzgebiet, das Teile des längsten Korallenriffs auf der Nordhalbkugel umfasst. Isla Mujeres, das wunderbare Anhängsel unweit des Urlaubszentrums Cancún an Yucátans Südostküste, hat aber noch viel mehr zu bieten: Das Meer vor der Playa Norte scheint einer Postkarte entsprungen, die hübschen Dörfer bergen kleine Geschäfte und Bars in reinstem karibischen Stil, und es bieten sich zahllose Möglichkeiten, um sich zu amüsieren oder aktiv zu werden, von Kajakfahren bis Bungeejumping. Die Spuren der Vergangenheit der Insel sind allgegenwärtig, etwa in der Hacienda Mundaca, die Mitte des 17. Jahrhunderts von der Piratenlegende Fermín Mundaca de Marecheaga errichtet wurde. Auch die Ruinen des Mayatempels, der Ixchel gewidmet war, der Göttin des Mondes, der Liebe und der Fruchtbarkeit, erzählen davon. Hier stehen außerdem die alten, weiblich geformten Steinstatuen, die der Insel zu ihrem Namen verhalfen – getauft wurde sie im Jahr 1517 von dem spanischen Seefahrer Francisco Hernández de Córdoba. Im Inselinneren dehnt sich ein Skulpturengarten aus, für den bedeutende mexikanische Künstler moderne und poetische Neuinterpretationen der Maya-Spiritualität geschaffen haben.

162 Ihr türkisfarbenes Wasser, ihr goldfarbener Sand und ihre Nähe zur Riviera Maya haben der kleinen spindelförmigen Insel zu ihrem Glück verholfen: Wie eine Satelliteninsel Cancúns schwebt Isla Mujeres im Blau der Karibik.

162-163 Der Skulpturengarten Hacienda Mundaca huldigt der Kultur der Maya, die der Halbinsel Yucatán zahlreiche wundervolle Zeugnisse hinterlassen hat. Der Inselname leitet sich von den weiblich anmutenden Figuren am Tempel der Ixchel ab, die schon von den Konquistadoren im Jahr 1517 bewundert wurden.

WISSENSWERTES
- **Staat:** Mexiko
- **Fläche:** 1,1 km²
- **Entfernung zum Festland:** 13 km (ab Cancún auf der Halbinsel Yucatán)
- **Bevölkerung:** 12 642 Einwohner
- **Hauptort:** Ejido Isla Mujeres
- **Klima:** Tropisch; die Trockenzeit dauert von November bis April.
- **Landessprache:** Spanisch
- **Währung:** Mexikanischer Peso

164-165 In den Gewässern des Nationalparks Garrafón, der einen Abschnitt des längsten Korallenriffs in der nördlichen Hemisphäre schützt, leben auch Fächerfische. Ihre charakteristischen Rückenflossen können bis zu eineinhalb Meter lang werden.

165 Neben den üblichen natürlichen Attraktionen erwarten einen hier am Meeresboden versunkene Statuen: Der Unterwasser-Skulpturenpark ist eine der echten Attraktionen an der Westküste von Isla Mujeres.

WISSENSWERTES

- **Staat:** Belize
- **Fläche:** 16 km²
- **Entfernung zum Festland:** 32 km
- **Bevölkerung:** 1300 Einwohner
- **Hauptort:** Caye Caulker
- **Klima:** Subtropisch-feucht; die Trockenzeit dauert von November bis Mai.
- **Landessprache:** Englisch, Belize-Kreolisch
- **Währung:** Belize-Dollar

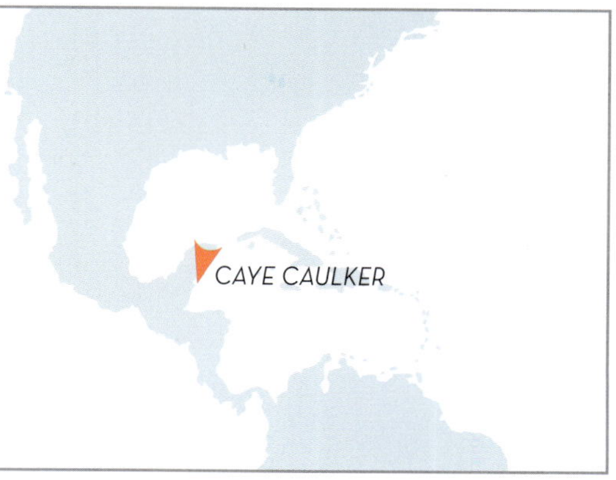

Caye Caulker

BELIZE

INDIGENE GARIFUNA, DIE LANGUSTEN FANGEN, UND KURIOS AUSSEHENDE RUNDSCHWANZSEEKÜHE IN WARMEN GEWÄSSERN

Zu Fuß lässt sich Caye Caulker in zwei Stunden umrunden. Wer einen der ökologisch betriebenen Golfcaddys nimmt, die hier die Autos ersetzen, braucht gar kaum zwanzig Minuten. Die Inselbewohner sind die Nachkommen von etwa sechs britischen und spanischen Familien, die sich mit den indigenen Maya und Garifuna vermischt haben; und das einzige Dorf hat nur drei Hauptstraßen, pragmatisch Front Street, Middle Street und Back Street benannt. Obwohl Caye Caulker so winzig ist, besteht es im Grunde aus zwei Inseln: 1961 schuf der gewaltige Hurrikan Hettie einen Kanal, der das Eiland teilt von Ost nach West verlaufend und breit genug für ein Kanu. Die Leute hier nennen ihn nur »The Split«, den Sprung.

Trotz ihrer geringen Größe ist es auf dieser Perle aus weißem Sand und Kalkstein in der Karibik vor Belize unmöglich, sich zu langweilen. Jedes Jahr steigt die Zahl der Bewohner konstant an, alle fest davon überzeugt, hier ihr persönliches Paradies gefunden zu haben. Caye Caulker hat alles, was ein irdischer Garten Eden braucht: Seine vielen Süßwasserquellen haben schon vor Jahrhunderten Seefahrer und Piraten angezogen, die hier ihre Korkzisternen aufgefüllt haben; Caye Corker, der ursprüngliche Name der Insel, bezeugt diese Geschichte. Plantagen von Kokospalmen, ein Urwald und Mangroven bedecken die Insel, und sie wird umgeben von einer ausladenden, tiefen Lagune und einem grandiosen Korallenriff, das über wie unter Wasser gleichermaßen verzaubert. Die hier lebenden Garifuna haben sich auf den Fang von Langusten spezialisiert, die hier so groß und lecker sind, dass sie mit jenen aus Maine mithalten können. Einer der Garifuna, dessen Spitzname Chocolate lautet und der die angesehenste Persönlichkeit im Dorf ist, widmet sein Leben dem Schutz der Lagune; sie bietet unter anderem den bedrohten Seekühen eine Heimat. Wem der Sinn nach einem Abenteuer in den Untiefen des Meeres steht, erreicht in einer Stunde mit dem Boot das Great Blue Hole: Der gewaltige karstige Schlund, 1971 von Jacques-Yves Cousteau entdeckt, bildet einen der spektakulärsten Tauchspots in der gesamten Karibik.

166-167 EIN SPAZIERGANG IM SCHATTEN DER KOKOSPALMEN, DIE NEBEN MANGROVEN DIE INSELVEGETATION DOMINIEREN, IST SEHR ERHOLSAM. DER INSELNAME LEITET SICH AB VOM ENGLISCHEN WORT CORK, DENN FRÜHER LEGTEN HIER PIRATEN AN, UM MIT SÜSSWASSER AUS DEN HIESIGEN QUELLEN IHRE KORKZISTERNEN AUFZUFÜLLEN.

167 AN DEN RUSTIKALEN STEGEN STARTEN BOOTE ZU AUSFLÜGEN ENTLANG DEM KORALLENRIFF UND ZUM FANGEN VON LANGUSTEN, DIE IN DIESER GEGEND SEHR ZAHLREICH ZU FINDEN SIND.

168 Auf diesem von Mangroven bestandenen Felsen kann man sich herrlich ausruhen, bevor man weiterschwimmt. Wundervolle Ausflüge lassen sich auch im Inselinneren unternehmen, entlang eines Kanals, den vor 50 Jahren ein Hurrikan hat entstehen lassen.

168-169 Das Blue Hole, ein riesiger Karstschlund von 300 Metern Durchmesser und 120 Metern Tiefe, wurde 1971 von Jacques Yves Cousteau entdeckt. Der spektakuläre Abgrund wird gerne von passionierten Tauchern besucht.

WISSENSWERTES

- **Staat:** Puerto Rico (US-amerikanisches Außengebiet)
- **Fläche:** 28 km^2
- **Entfernung zum Festland:** 888 km (ab der Küste Venezuelas)
- **Bevölkerung:** 2500 Einwohner
- **Hauptort:** Dewey
- **Klima:** Tropisch, durch den Passat gemäßigt. Durchschnittstemperaturen: 22 °C bis 27 °C; die Trockenzeit dauert von Dezember bis April
- **Landessprache:** Spanisch, Englisch
- **Währung:** US-Dollar

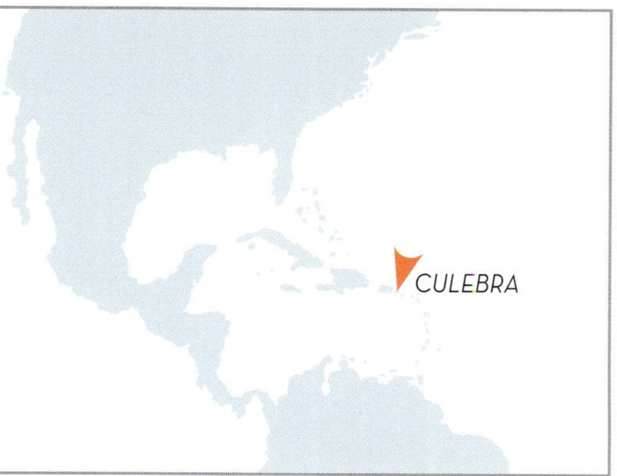

Culebra

Puerto Rico

»Die letzte Jungfrau« der Konquistadoren, die bis heute nahezu unberührt blieb

An manchen Tagen geöffnet, an anderen geschlossen.« Das Schild auf dem Handkarren eines der hiesigen Souvenirverkäufer spiegelt perfekt die Geisteshaltung auf Culebra wieder. Dieses Fleckchen Erde – oder besser Sand – von elf Kilometern Länge und acht Kilometern Breite, das administrativ zu Puerto Rico gehört, wird häufig als »Insel des Nicht-Vorhandenen« beschrieben. Es gibt keine Süßwasserquellen, stattdessen bringt eine Unterwasserleitung Trinkwasser vom benachbarten Vieques auf die Insel. Es gibt keine Resorts von internationalem Standard, keine Kasinos (diese befinden sich stattdessen als eine der Hauptattraktionen auf Puerto Rico), kein Nachtleben, und auch Shoppingfans fühlen sich auf Culebra wie in einer Wüste.

Das einzige nennenswerte historische Zeugnis hier ist der Leuchtturm von Culebrita: Er, der älteste seiner Art in der gesamten Karibik, wurde vor etwa zwanzig Jahren stillgelegt – und kann nicht besichtigt werden. 1493, als hier das Volk der Taíno lebte, entdeckte Christoph Kolumbus die Insel. Die spanischen Eroberer nannten sie »La Última Virgen« aufgrund ihrer geografischen Lage: Sie stellt sozusagen die Endstation des Jungferninseln-Archipels dar.

In jüngerer Zeit hat diese Abgeschiedenheit jedoch qualitativen Wert bekommen: Culebra, bis 1975 von den Vereinigten Staaten als militärisches Trainingslager genutzt, ist als letztes Örtchen in der Karibik bis heute vom All-Inclusive-Massentourismus verschont geblieben. Die wenigen (begeisterten) Besucher übernachten in kleinen, familiären Pensionen oder kampieren in der Nähe der Playa Flamenco. Dieser weiße Sandstrand gehört zu den schönsten der Karibik, und ein paar rostige, von den Wellen umspülte Überreste amerikanischer Panzer verleihen der Landschaft etwas Surreales.

Auf der »Insel des Nicht-Vorhandenen« gibt es nicht viel zu tun, aber diesen Mangel – will man diesen Umstand denn wirklich als negativ interpretieren – umrahmen ein türkisfarbenes, phosphoreszierendes Meer und eine karge Natur. Letztere jedoch hält fantastische Überraschungen bereit wie die unbewohnte kleine Nachbarinsel Cayo Luis Peña, Brutplatz von 50 000 Meeresvögeln, die zum Tierschutzgebiet erklärt wurde.

170-171 Die kleine, zu Puerto Rico gehörende Satelliteninsel Culebra zählt zu den letzten Paradiesen, denen die grossen Veränderungen durch touristische Erschliessung noch weitgehend erspart blieben. Hier und auf ihrer Nachbarin Vieques sind die schönsten Strände des Archipels zu finden. Auf der kleinen Insel Culebrita, östlich von Culebra gelegen, thront der älteste Leuchtturm der Karibik.

171 Boote auf einem Kanal in Dewey, der einzigen Siedlung auf der Insel; am rechten Ufer ist die hübsche Posada Mamacita zu sehen. Die Unterkünfte auf Culebra kommen sehr schlicht daher, passend zur entspannten, unaufgeregten Atmosphäre der Insel.

WISSENSWERTES

- **Staat:** USA (Amerikanische Jungferninseln)
- **Fläche:** 43,79 km²
- **Entfernung zum Festland:** 880 km (ab der Küste Venezuelas)
- **Bevölkerung:** 4400 Einwohner
- **Hauptort:** Cruz Bay
- **Klima:** Tropisch, gemildert durch die Passatwinde; Durchschnittstemperaturen: 22 °C bis 27 °C ganzjährig. In der Regenzeit (September bis Dezember) regnet es durchschnittlich nur fünf Tage im Monat.
- **Landessprache:** Englisch, Jungferninseln-Kreolisch
- **Währung:** US-Dollar

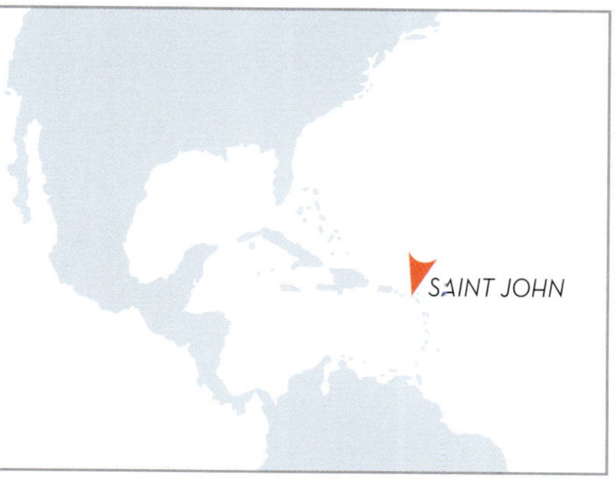

Saint John

Amerikanische Jungferninseln ▪ USA

Die winzige Königin im amerikanischsten Archipel der Karibik

»Jump up!,« spring auf, fordert Miss Lucy Smith, Original und Legende aus St. John, zu ihrer äußerst beliebten Inselbustour auf. Ihr Bus ist an dem mit gigantischen Stierhörnern und Blumen verzierten Dach zu erkennen. »Jump up!«, rufen die Calypso- und Quelbe-Tänzer und die Musiker den Touristen zu. Sie sollen sich dem Rausch der Karnevalsparade im Hauptort Cruz Bay hingeben, diesem kleinen Juwel mit seinen charakteristischen Häuschen im Kolonialstil. Und »Jump in!« spring rein, lautet der unwiderstehliche Lockruf der Trunk Bay: Hier kann man in einem beschilderten Schnorchelparcours seine Kenntnisse in der Bestimmung von Korallen und anderen unterseeischen Besonderheiten vertiefen. Das touristische Angebot St. Johns, der kleinsten der Amerikanischen Jungferninseln, ist amerikanisch bis ins Mark – oder besser gesagt bis zum letzten Hamburger, der bei den Barbecues an ihren Stränden serviert wird. In dem Archipel, der die Grenze zwischen den Großen und Kleinen Antillen markiert, ist sie aber auch die »natürlichste«, verglichen mit ihren am dichtesten bevölkerten und beliebtesten Schwestern St. Thomas und St. Croix. Dies ist dem Milliardär Laurance Rockefeller zu verdanken. Er erwarb in den 1950er-Jahren einen Großteil des Territoriums von der US-Regierung, um dort das Resort Caneel Bay zu errichten, ein architektonisches Pionierwerk zwischen Luxus und Umweltfreundlichkeit, und einen außergewöhnlichen Nationalpark zu gründen. Der Virgin-Islands-Nationalpark umfasst heute auch das Virgin Islands Coral Reef Monument, das als fünf Kilometer breiter Gürtel die ganze Insel umgibt und 5083 Hektar Fläche einnimmt. Das Naturschutzgebiet zählt zu den ökologischen Schätzen der Karibik und ist ein UNESCO-Biosphärenreservat. St. John lockt mit nachhaltigem Tourismus, der auf Natur und Kultur Rücksicht nimmt, mit Entspannung in Traumbuchten, aber auch geruhsamen Aktiverlebnissen: Der spektakuläre Reef Bay Trail etwa führt durch grüne oder überraschenderweise ausgetrocknete Täler voller Kakteen, und verfallene Landgüter, auf denen in den Zeiten der Sklaverei Rohrzucker angebaut wurde, harren ihrer Entdeckung.

172-173 Jedes Fleckchen Erde an der Hurrican Bay, gelegen an der zerklüfteten Südküste der Insel, ist von dichter Vegetation bedeckt, und in ihren kleinen Buchten kann man toll mit dem Boot anlegen. Gegenüber, inmitten des Drake-Kanals, verläuft die Grenze zwischen den Amerikanischen und den Britischen Jungferninseln.

173 Verschiedenfarbige Häuser im Kolonialstil säumen die Jelly Bean Row im Hauptort Cruz Bay. Die kleinste Insel der Jungferninseln liegt in einem Biosphärenreservat und bedient vor allem die Ansprüche des gehobenen Tourismus.

WISSENSWERTES

- **Staat:** Britische Jungferninseln (Britisches Überseegebiet)
- **Fläche:** 55,7 km²
- **Entfernung zum Festland:** 905 km (ab Caracas, Venezuela)
- **Bevölkerung:** 23 900 Einwohner
- **Hauptort:** Road Town
- **Klima:** Subtropisch, gemäßigt durch Passatwinde; die Trockenzeit dauert von November bis Mai.
- **Landessprache:** Englisch und eine spezielle Kreol-Variante
- **Währung:** US-Dollar

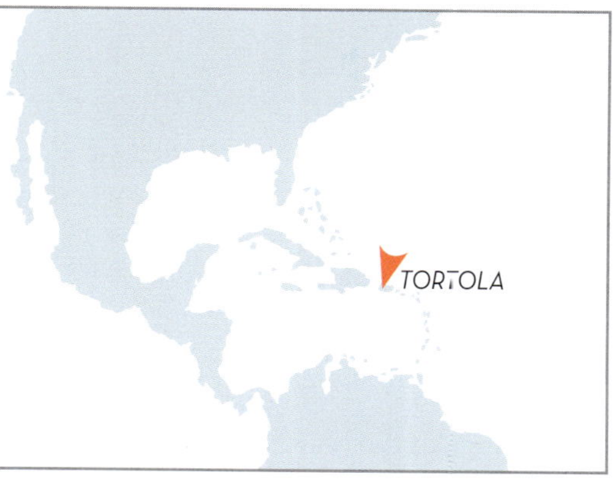

Tortola

Britische Jungferninseln ▪ Britisches Überseegebiet

Ein karibisches Paradies, das mehr sein wollte als das und nun auch ein Steuerparadies ist

Jede der 60 Vulkaninseln, die sich in der Karibik ausbreiten und die Britischen Jungferninseln bilden, ist ein Juwel. Am einen Ende dieser »Perlenkette« liegt Necker Island, seit einigen Jahren im Besitz des Eigentümers der Virgin Group, Multimillionär Sir Richard Branson; das andere markiert das exklusivste und teuerste Inselresort der Welt, die 1800 Hektar große Peter Island. Und genau in der Mitte befindet sich Tortola, die größte, längste und am dichtestenbevölkerte Insel und die Heimat von Road Town, der Hauptstadt des Archipels, die mit faszinierenden Kolonialbauten aufwartet, welche zum Verkauf stehen.

Ihre Straßen (es gibt eigentlich nur eine einzige, die diese Bezeichnung verdient) verlaufen schachbrettartig und werden gesäumt von Flammenbäumen und hellrosa gestrichenen Holzhäusern im Gingerbread-Stil. Außer den kleinen Geschäften hier verdient der romantische Botanische Garten einen Besuch. Der älteste und schönste seiner Art auf den gesamten Westindischen Inseln, beheimatet auf 180 Hektar mit üppigen Palmen und exotischen Pflanzen.

An der Küste dagegen reiht sich ein klassischer Karibikstrand an den anderen, von Smuggler's Cove mit seinen idealen Bedingungen für Taucher bis zur Apple Bay, die bei Surfern so beliebt ist. Außerdem machen einige malerische, sichere Anlegeplätze die Insel zu einer perfekten Station auf einem Segeltörn.

Für noch mehr Abwechslung sorgt die Landschaft, die sich ein paar Meter über dem Meer in die Vertikale streckt: Die Straßen schlängeln sich in furchterregenden Serpentinen über die vulkanischen Hügel hinauf bis zur Panoramastraße Ridge Road, die das Rückgrat Tortolas bildet. Wer ihr folgt, erreicht den Sage Mountain National Park; das Schutzgebiet, in dem sich der höchste Gipfel der Britischen Jungferninseln erhebt, birgt auch einen Urwald.

Trotz seiner Dimensionen ist nicht der Tourismus das Zugpferd für die Wirtschaft der Insel. Der International Business Act von 1984 machte den Archipel zu einem der karibischen Steuerparadiese, prädestiniert für die Gründung von Offshore-Finanzunternehmen. Heute stammen hier 51,8 Prozent aller Einnahmen aus Gewerbezulassungen und Provisionen, mit denen man sein Vermögen hier sicher ruhen lassen kann.

174–175 Panoramablick auf die Inselhauptstadt Road Town. Ihre Strassen werden von farbenfrohen Häusern im Gingerbread-Stil gesäumt, die typisch sind für den angelsächsischen Kolonialstil in der karibischen Architektur. Der Botanische Garten ist einer der ältesten seiner Art auf den ehemaligen British West Indies.

175 Das Gesicht der Cane Garden Bay prägen Palmen und Resorts. Sie ist eine von zahllosen Sandbuchten an der Nordküste des grössten Eilandes unter den Britischen Jungferninseln.

WISSENSWERTES

- **Staat:** Britisches Überseegebiet
- **Fläche:** 91 km²
- **Entfernung zum Festland:** 931 km (ab Caracas, Venezuela)
- **Bevölkerung:** 13 500 Einwohner
- **Hauptort:** The Valley
- **Klima:** Tropisch, gemäßigt durch die Passatwinde; die Trockenzeit dauert von Dezember bis Juni.
- **Landessprache:** Englisch, Anguilla-Kreolisch
- **Währung:** Ostkaribischer Dollar

Anguilla

Inseln über dem Winde ▪ Britisches Überseegebiet

Die Ausstrahlung »very British«, das Essen deliziös

Schwarze Rastazöpfe und ein schwarzer, tief in die Stirn gezogener Hut, das sind die Markenzeichen von Anguillas Ikone Bankie Banx. Mit seiner Musik ein Mix aus Reggae à la Bob Marley und Rock à la Bob Dylan, unterhält er seit drei Jahrzehnten sein Publikum. Banx ist auch die Seele des Moonsplash; das älteste Musikfestival auf den Westindischen Inseln findet auf einem großen, in der Rendezvous Bay ankernden Kahn statt, stets in einer Vollmondnacht im März.
Schon allein wegen dieses Ereignisses – und natürlich auch wegen des farbenfrohen Karnevals und der äußerst renommierten Segelregatta im August – lohnt es sich, Anguilla zu besuchen, doch man findet dafür auch noch eine Menge anderer Gründe. Die ersten 33 auf der Liste sind seine Strände, alle öffentlich und mit einem Sand in allen Farbnuancen von blendendem Weiß bis Bonbonrosa, ganz zu schweigen von dem Meer davor, das türkisfarbener nicht sein könnte. Wer sich amüsieren und »Sand aufwirbeln« möchte (das ist hier der Ausdruck für Tanzpartys am Strand zu mitreißenden Reggae- und Calypso-Klängen), ist am Sandy Ground und in der Shoal Bay richtig, die beide oft als die schönsten Buchten der Erde bezeichnet werden. Zu einem Bad bei Sonnenuntergang lädt die Crocus Bay ein, ein paar Stunden in romantischer Einsamkeit ermöglicht die Little Bay, und an der halbmondförmigen Meads Bay drängen sich die meisten Restaurants der Karibik, die mit einem Michelin-Stern ausgezeichnet wurden. Zwei von ihnen rühmen sich gar eines Weinkellers mit 25 000 der weltweit besten Etiketten. Anguilla ist sozusagen casual-chic. Sogar VIPs lieben die lange, flache Insel, weil sie sich betont unauffällig am Rand der ausgetretenen Touristenpfade hält und einen guten Kompromiss zwischen kulinarischer Raffinesse, Mondänem, Privatsphäre und Sport bietet. Dies alles wird von einer herausragenden Szenerie umrahmt: eine Architektur, die an eine Zeit lange vor dem Tourismus erinnert, als man noch vom Zuckerrohranbau und dem Abbau von Salz lebte, und eine ursprüngliche, noch intakte Natur. Unweit von Anguilla schwimmen im offenen Meer einige kleinere Inseln, auf denen Schildkröten ihre Eier ablegen und Zehntausende Meeresvögel nisten. Und im Zentrum Anguillas sprudelt eine Quelle, die den indigenen Einwohnern als heiliger Ort galt: Sie verehrten sie als den Ursprung der Welt.

176-177 Villen und Gärten in zurückhaltend luxuriösem Stil zieren diesen einen der 33 Strände auf Anguilla. Der Name der nördlichsten aller Inseln unter dem Winde spielt auf ihre Form an, die einem Aal, anguilla auf Italienisch, ähnelt.

177 Little Bay in der Nähe der Hauptstadt The Valley wird von hohen Felsen abgeschirmt und ist eine der einsamsten Buchten auf dieser Insel, die heiteren Charme verströmt.

178 oben Ein Ausritt am Strand: Auf Anguilla widmet man sich tagsüber entspannenden Sportarten. Abends können sich anspruchsvolle Besucher von mit Michelin-Sternen gekrönten Restaurants verwöhnen lassen.

178 unten Eine riesige Sandzunge, die Meads Bay, trennt ein Wasserbecken vom Atlantik, das einst als Saline genutzt wurde.

178-179 Golden schimmernder Sand, ein türkisfarbenes Meer und absolute Stille – der Inbegriff einer tropischen Idylle, zu finden auf Anguilla.

WISSENSWERTES

- **Staat:** Autonomer Landesteil des Königreichs Niederlande (Sint Maarten), französisches Überseegebiet (Saint-Martin)
- **Fläche:** 87 km²
- **Entfernung zum Festland:** 918 km (ab Caracas, Venezuela)
- **Bevölkerung:** 70 500 Einwohner
- **Hauptort:** Philipsburg (Sint Maarten), Marigot (Saint-Martin)
- **Klima:** Tropisch, gemäßigt durch die Passatwinde; die Trockenzeit dauert vom Dezember bis Juni.
- **Landessprache:** Holländisch, Englisch, Französisch und Kreol
- **Währung:** Karibischer Gulden (Sint Maarten), Euro (Saint-Martin)

Sint Maarten/Saint-Martin

Kleine Antillen

Ein merkwürdiges zollfreies Paradies, halb französisch, halb holländisch

Die Arawak, die hier vor langer Zeit lebten, nannten sie Sualouiga, »Salzinsel«, wegen der hier überall verstreuten Salinen. Die Ankunft der Europäer dann hat alles verkompliziert, und heute entstammen die Inselbewohner gut 80 verschiedenen Nationen, und ihr Zuhause ist das kleinste Fleckchen Erde, das sich je zwei Staaten teilten: Zwei Drittel der 87 Quadratkilometer Gesamtfläche bedeckt Saint-Martin, das zu Frankreich und damit technisch gesehen zur Europäischen Union gehört (wenngleich nicht zum Schengener Abkommen); den Rest, der kleiner, aber dichter bevölkert ist, nimmt Sint Maarten ein, unabhängiges Land innerhalb des Königreichs der Niederlande und nicht in der EU. Die beiden »Hauptstädte«, hübsche Kolonialstil-Städtchen, bilden das sehr französische, verschlafen wirkende Marigot und das lebendige Philipsburg. Letzteres benannt ist nach einem schottischen Kapitän im Dienst der Holländer, John Philips, der die Stadt 1763 gründete und aus ihr einen wichtigen Hafen machte.

Zwischen Saint-Martin und Sint Maarten gibt es keine Grenzen. Seit achtzig Jahren ist die ganze Insel zollfreie Zone, und schon seit 1684 zirkulieren Waren und Personen zwischen ihren beiden Teilen. Diese Regelung wurde damals in einem Einigkeitsvertrag getroffen, der bis heute nie für Spannungen gesorgt hat oder angepasst werden musste.

Nur darf man sich das Gesicht der Insel aber nicht als einheitlich vorstellen. Sicher, beide Teile bieten die klassischen Traumstrände, die man in der Karibik erwartet und die gerne von Jachten und Kreuzfahrtschiffen angesteuert werden (jährlich legen hier 900 000 Schiffe an). Während Sint Maarten aber mit seinen zwölf Kasinos, den Nachtlokalen, den vielen Shoppingcentern und legendären Beachpartys Adrenalin verströmt, gibt sich Saint Martin gesetzter und schicker – nur die herrliche Baie Oriental schlägt da aus der Art als einer der berühmtesten Strände für Nacktbader weltweit.

Sint Maarten und Saint-Martin teilen sich zudem in Liebe und Eintracht die Simpson Bay. Die schönste Lagune der Karibik wird über zwei bewegliche Brücken mit dem offenen Meer verbunden. Eine Segelbootfahrt in ihrem kristallklaren Wasser ist ein tolles Erlebnis. In der Mitte der Lagune liegt ein Inseljuwel mit einem Gürtel aus feinstem Sand und kaum 15 Palmen. Laut Vertrag gehört sie den Franzosen, aber der Name, den sie trägt, ist englisch: Explorer Island.

180-181 Marigot ist die Hauptstadt des frankophonen Teils von Saint-Martin. Die Insel bietet etwa dreißig Strände und verschiedene touristische Häfen, die sie zu einem beliebten Ziel für Jachtausflüge in der Karibik machen.

181 (oben) Einen Hauch der Karibik aus vergangenen Tagen ist in Marigot zu spüren. Der französische Teil der Insel wartet mit der Baie Orientale, dem »Saint-Tropez der Karibik«, auf. Ihr drei Kilometer langer Sandstrand zieht vor allem Naturfreunde an.

182 (unten) Diese kleine Bucht zwischen den Felsen findet man bei Cupecoy, am westlichsten Zipfel von Saint-Martin.

WISSENSWERTES

- **Staat:** Französisches Überseegebiet
- **Fläche:** 21 km²
- **Entfernung zum Festland:** 890 km (ab Caracas, Venezuela)
- **Bevölkerung:** 8800 Einwohner
- **Hauptort:** Gustavia
- **Klima:** Tropisch, gemäßigt durch die Passatwinde; die Trockenzeit dauert von Dezember bis April.
- **Landessprache:** Französisch, Antillen-Kreolisch
- **Währung:** Euro

Saint-Barthélemy

Kleine Antillen ▪ Französisches Überseegebiet

Eine Insel für Insider, von vielen Prominenten als Rückzugsort zwischen Glamour und Privatsphäre geliebt

Fast zwei Jahrhunderte lang spielten die europäischen Mächte mit den Westindischen und den Ostindischen Inseln *Risiko*: Sie verschenkten sie zu Hochzeiten, um Freundschaften zu festigen oder um Streit zu schlichten – und natürlich und vor allem gegen geschäftliche Vorteile. Und so kam es, dass eine Laune des Schicksals – und die Schacherei um das Recht auf zollfreie Ein- und Ausfahrt für den Hafen von Göteborg für die Franzosen – aus der kleinen Karibikinsel Saint-Barthélemy ab der Mitte des 17. bis zur Mitte des 18. Jahrhunderts ein Sankt Bartholomeus machte. Die Insel war damit Territorium der schwedischen Krone, bevor Frankreich sie sich wieder einverleibt hat, diesmal endgültig.

Von dieser Episode ist nur der Name der Inselhauptstadt geblieben, Gustavia. Ansonsten ist diese aber durch und durch französisch: Es gibt *boulangeries*, *patisseries* und sündhafte Menüs in mit Michelin-Sternen bekrönten Restaurants. Auch die meisten Modedesigner und Luxusboutiquen der Stadt kommen aus Frankreich, von Hermès bis Cartier. »St. Barth« nennen frankofone Bewohner ihre Insel kurz, »St. Bart's« (mal mit, mal ohne Apostroph) sagen alle anderen. Paparazzi sind willkommen und man spricht die universale Sprache der Reichen und Berühmten, denen St. Barth so die perfekte Mischung aus Glamour und Privatsphäre bietet.

Laut Hochglanzmagazinen ist sie die angesagteste Insel der Karibik. Hier leben etwa Brad Pitt, Beyoncé, Madonna und Tom Hanks, und 60 Millionen Euro für eine Villa an einem der 23 Traumstrände sind völlig normal. Die Strände bieten dafür auch ein spektakuläres Farbspektrum mit ihrem verschiedenfarbigen Sand, dem Meer und der grünen Umgebung. Gerüchten zufolge hat der Ölmagnat Roman Abramowitsch 90 Millionen für eine Villa bezahlt, die der Rockefeller-Familie gehörte (und darin sind noch nicht die Millionen enthalten, mit denen er sie in einem unpassenden balinesischen Stil umbauen ließ). Die Resorts auf St. Barth sind wahre Tempel der Eleganz: Jedes bietet nur wenige Zimmer, einen fürstlichen Service und (am wertvollsten) höchste Diskretion. Die Häuser am exklusiven Nikki Beach wie das Eden Rock, das »Carl Gustav« oder das »Île de France« gehören zu den beliebtesten Adressen der Karibik. Hier kaufen sich selbst VIPs eines der Fan-Shirts, auf denen hinten steht: »Tell Only Your Best Friends«, »Nur den besten Freunden weitersagen«.

182–183 Gustavia, welch unpassender skandinavischer Name für eine karibische Stadt. Saint-Barth gehörte in der Vergangenheit einmal zu Schweden, wovon auch der bizarre Kirchturm in der Inselhauptstadt noch immer zeugt. Ihr Flair ist jedoch entschieden französisch.

183 oben Anse de Grand Cul de Sac ist einer der attraktivsten Strände auf Saint-Barth (und einer der populärsten der gesamten Karibik). Mit etwas Glück trifft man hier schon einmal Brad Pitt, Beyoncé, Madonna oder Tom Hanks.

183 unten Ungeachtet des herrlichen Meeres finden die Swimmingpools in den Resorts immer viele Anhänger.

totëm
St BARTH
F.W.I

184-185 UND 185 OBEN PASSIONIERTE SURFER KÖNNEN AUF DER INSEL ZWISCHEN EINEM DUTZEND BEMERKENSWERTER SURFSPOTS WÄHLEN. FARBENFROHE SCHILDER WEISEN DEN WEG ZU DIESEN STETS SEHR LEBHAFTEN PLÄTZEN.

185 UNTEN ANSE DES FLAMANDS, AUCH FLAMAND BEACH GENANNT, IST DER SCHÖNSTE STRAND DER INSEL. TROTZ SEINER TOURISTISCHEN EINRICHTUNGEN IST DIESER LANGE, VOR FLUTWELLEN SICHERE SANDSTRAND IM NORDWESTEN EIN RUHIGER, WENIG BESUCHTER ORT GEBLIEBEN.

WISSENSWERTES

- **Staat:** St. Kitts und Nevis
- **Fläche:** 93 km²
- **Entfernung zum Festland:** 886 km (ab Caracas, Venezuela)
- **Bevölkerung:** 12 300 Einwohner
- **Hauptort:** Charlestown
- **Klima:** Tropisch, gemäßigt durch die Passatwinde; die Trockenzeit dauert von November bis April.
- **Landessprache:** Englisch, St.-Kitts-Kreolisch
- **Währung:** Ostkaribischer Dollar

Nevis

St. Kitts und Nevis

ROMANTIK, KULTUR, SPANNUNG – EINE INSEL WIE EIN GUTES BUCH!

Etwa hundert geladene Gäste zählte man am 11. März 1787, als Orazio Nelson in der St. John's Figtree Church in Charlestown die vermögende, attraktive Witwe Frances Nisbet von der Insel Nevis heiratete. Empfangen wurden die Gäste zuvor in dem reich mit Mahagoni und Brokat ausgeschmückten Ballsaal des gerade erst eröffneten Bath Hotel. Das Haus aus Vulkanstein, heute das älteste Hotel der Karibik, umgibt ein Park, der den Hängenden Gärten der Semiramis das Wasser reichen kann. Mit seinem regen vornehmen Gesellschaftsleben zog es vermögende englische Aristokraten an. In seinem Kurhaus konnte man in einem mineralischen Wasser baden, dem heilende Kräfte zugesprochen wurden. Auf der Gästeliste stehen sich denn auch so illustre Namen wie der Dichter Samuel Taylor Coleridge und der Arzt Sir Frederick Treves, der neben dem Roman *The Elephant Man*, Vorlage für den Film *Der Elefantenmensch* mit Anthony Hopkins, auch den ersten Reiseführer über Nevis geschrieben hat.

Nevis bildet zusammen mit der etwas größeren Nachbarinsel St. Kitts seit 1983 einen unabhängigen Staat – den jüngsten in ganz Amerika. Das Bath Hotel beherbergt heute nur noch die Inselverwaltung, dafür bieten aber die sogenannten Plantation Inns faszinierende Unterkünfte in den ehemaligen Herrenhäusern der Zuckerrohrplantagenbesitzer. Besondere Erlebnisse auf dieser wunderbaren Insel sind die Ausflüge zu Pferd oder auch in einer viktorianischen Kutsche, die einen direkt in die Vergangenheit zurückversetzen: Die Hauptstadt Charlestown, deren gregorianisch-koloniales Zentrum das besterhaltene der gesamten Karibik ist, bildet den Ausgangspunkt für einen Heritage Trail zu sehenswerten Museen und Denkmälern, etwa zum Geburtshaus von Alexander Hamilton, einem der Gründerväter der Vereinigten Staaten.

Doch nicht nur historisch Interessierte kommen auf Nevis auf ihre Kosten. Trekkingpfade laden ein zur Erkundung der Naturschönheiten im Inselinneren, das von einem uralten Schichtvulkan geformt wurde. Die zauberhaften, ebenfalls über Wanderwege erreichbaren Strände säumen ein klares Meer, das mit seinen vielen Unterwassergärten hervorragende Tauch- und Schnorchelmöglichkeiten bereithält. Und auch die Romantik kommt auf Nevis nicht zu kurz: Wer Admiral Nelson und Frances nacheifern möchte, kann sich an einem stimmungsvollen Ort seiner Wahl das Ja-Wort geben.

186-187 Die entzückende Landschaft, die Nevis zusätzlich zu seinen Stränden zu bieten hat, lässt sich am besten auf einem der interessanten Ausflüge zu den alten Zuckerrohrplantagen entdecken.

187 oben Während des Culturama Summer Carnival, stets zwischen Ende Juli und Anfang August, ziehen lustige Paraden durch die Strassen von Charlestown. (Der richtige Karneval wird zehn Tage nach Weihnachten gefeiert.) In diesem Städtchen findet sich der besterhaltene georgianische Stadtkern der Karibik.

187 unten Türkisfarbenes Wasser, korallenroter Sand und Palmen, die sich in der Brise der Passatwinde wiegen: Die Strände auf Nevis haben einfach alles, was ein perfektes tropisches Paradies braucht.

WISSENSWERTES
- **Staat:** Antigua und Barbuda
- **Fläche:** 280 km²
- **Entfernung zum Festland:** 917 km (ab Caracas, Venezuela)
- **Bevölkerung:** 87 884 Einwohner
- **Hauptort:** St. John's
- **Klima:** Tropisch, gemäßigt durch die Passatwinde; Durchschnittstemperaturen: 26 °C bis 30 °C ganzjährig, wenig Niederschlag.
- **Landessprache:** Englisch, Antigua-Kreolisch
- **Währung:** Ostkaribischer Dollar

Antigua

Kleine Antillen ▪ Antigua und Barbuda

Ein Hafen in elegantem georgianischem Stil, der die Zeit des Admiral Nelson lebendig hält

Ein Strand für jeden Tag, in gerechter Verteilung am tiefblauen Atlantik und an der transparenten Karibik gelegen: 365 Strände bilden das Herz der touristischen Anziehungskraft Antiguas. Angesichts ihrer heiteren Schönheit fällt es schwer zu glauben, dass die Insel einst als echtes Unglück betrachtet wurde. In der Epoche der Freibeuter und der großen Eroberungszüge auf die Westindischen Inseln war Antigua – ohne jegliche natürliche Barrieren – schutzlos ausgeliefert, sowohl den Feinden als auch den natürlichen Gefahren wie Unwettern und Meeresstürmen, die in wenigen Minuten eine ganze Flotte vernichten konnten. Die Engländer, die für lange Zeit die Herren der Insel waren, hatten im 17. Jahrhundert daher keine andere Wahl, als einen sicheren Hafen zu bauen. Man wählte dafür eine Bucht an der Südküste und baute sie so groß und perfekt aus, dass sich von hier aus hervorragend die »suspekten Aktivitäten« der rivalisierenden Franzosen überwachen ließen. Außerdem beherbergte er als einziger Hafen in der Ostkaribik eine Werft für erforderliche Schiffsreparaturen nach der Atlantiküberquerung. Dass der Hafen von großer Bedeutung war, beweist auch der Umstand, dass kein Geringerer als Horatio Nelson, der Held der Schlacht von Trafalgar 1805, hierher geschickt wurde, um zwischen 1784 und 1787 von hier aus alle militärischen Operationen zu leiten und, als besonders ehrenvolle Aufgabe, die Gesetze der Krone in allen britischen Kolonien in der Karibik durchzusetzen.

Heute strahlen die im georgianischen Stil errichteten Gebäude der English Harbor & Nelson's Dockyards wieder in altem Glanz und bilden – zusammen mit der herrlichen Bucht – Antiguas historisch-kulturelle Hauptattraktion. Hier geht es außerordentlich lebendig zu dank der vielen Unterkünfte, Restaurants und Geschäfte im Old-Navy-Style. Außerdem finden hier jedes Jahr Segelevents von internationalem Rang statt, darunter so berühmtes wie die Antigua Classic Yacht Regatta und der Rorc Caribbean 600.
Auch Kreuzfahrtschiffe fahren den Hafen von St. John's regelmäßig an. Dieser Stadt, die so bunt und heiter ist, wie es nur karibische Städte vermögen, muss man mindestens einen Tag widmen, vor allem wegen der Ruinen der Anwesen, auf denen einst Zuckerrohr angebaut wurde. Und auch die Insel Barbuda, ein Schutzgebiet für Meeresvögel, lockt – falls man sich loseisen kann von Antiguas Stränden und Luxusresorts …

188–189 Mitten in der Deep Bay, nahe der Hauptstadt Saint John, ruht das Wrack des Handelsschiffs »Andes«. Sein Mast ragt noch aus dem Wasser, die Teile unter Wasser sind bei Schnorchlern sehr beliebt. Auf Antigua kann man zahlreiche Ausflüge unternehmen zu kulturellen Stätten, die an die bedeutende Vergangenheit der Insel erinnern.

189 Im hübschen Hafen von St. John's gehen häufig Kreuzfahrtschiffe vor Anker.

WISSENSWERTES
- **Staat:** Französisches Überseegebiet
- **Fläche:** 158 km²
- **Entfernung zum Festland:** 856 km (ab Caracas, Venezuela)
- **Bevölkerung:** 15 000 Einwohner
- **Hauptort:** Grand-Bourg
- **Klima:** Tropisch, durch die Passatwinde gemäßigt; die Trockenzeit dauert von November bis Mai.
- **Landessprache:** Französisch und Patois
- **Währung:** Euro

Marie-Galante

Inseln über dem Winde ▪ Guadeloupe

Ein reizender Name, hinter dem sich ein rustikales grünes Fleckchen Erde verbirgt

Die indigenen Einwohner nannten ihre Insel einst »Tulucaera«, weil es an ihren Stränden nur so wimmelte vor *touloulou*, den roten Krabben, die eine wichtige Nahrungsquelle darstellten. Als im November 1493 dann Christoph Kolumbus hier ankam, taufte er sie nach einer seiner Karavellen, die ihn bis hierher gebracht hatten, auf den Namen Maria Galanda, »Maria die Anmutige«. Und seit der Ankunft der Franzosen, die noch immer da sind, heißt sie offiziell Marie-Galante; wegen ihrer fast perfekten Kreisform und der Aromen in ihrer Luft, die an eine mit typischen Zutaten der kreolischen Küche gewürzte *galette bretonne* erinnern, bekam sie zudem den Kosenamen »Große Galette«.

Marie-Galante ist der bestgehütete Schatz der *Douce France* im Guadaloupe-Archipel, der zu den Kleinen Antillen gehört. Die Insel hat mehr zu bieten als einen tropisch heißen Urlaub: herrliche Strände, die in allen denkbaren karibischen Farben schillern, beeindruckende Felsklippen und eine Landschaft fast wie im französischen Périgord (wären da nicht die Kokospalmen und die Bäume voll saftiger Mangos ...). Internationale Resorts sucht man hier vergebens, dafür finden sich aber in schmucken Landhäuschen kleine, entzückende *gîtes*, die von ihren Besitzern mit Passion geführt werden. Die überwiegende Mehrheit der Inselbewohner stellen Nachkommen afrikanischer Sklaven, die einst von den Franzosen zur Arbeit auf den Zuckerrohrplantagen hierher gebracht wurden; doch auch sie hegen heute eine Vorliebe für die Baguettes der ehemaligen Feinde.

Noch heute wird hauptsächlich Zuckerrohr angebaut auf der Insel, auf der die Landwirtschaft sowie die Herstellung des *rhume agricole*, der zu den besten der Antillen gehört, eine wichtigere Einnahmequelle darstellen als der Tourismus. Auf den Straßen im Inselinneren dominieren *kabwé* (von Ochsen gezogene, mit Zuckerrohr beladene Fuhrwerke) zumindest zahlenmäßig gegenüber den Autos. Man sollte die alten Landgüter hier besuchen, etwa die Habitation Murat mit ihrem prächtigen Herrenhaus und den Sklavenunterkünften; erst so wird man die Geisteshaltung auf Marie-Galante richtig verstehen können. Auch ein Tag in Grand-Bourg ist Pflicht. Die Hauptstadt überrascht als Art-déco-Juwel – und mit der Identität ihres Bauherrn: Den tunesischen Architekten Ali Tur hatten verschlungene Pfade von Paris hierher geführt.

190-191 Marie-Galante ist der Inbegriff des tropischen Zaubers, für den die Kleinen Antillen bekannt sind. Auf der kleinen, runden Insel im offenen Meer vor Guadeloupe pflegt man überdies sorgsam die Erinnerungen an »La Douce France«.

191 Capesterre, eines der Dörfer an der Küste der Insel, die einen Durchmesser von nur 15 Kilometern hat.

192 OBEN Die Farben der Bretagne dominieren die hiesige Landschaft, neben den Windmühlen, die Marie-Galante den Beinamen »Insel der hundert Windmühlen« verschafft haben: Im Jahr 1830 zählte man hier 106 Stück.

192 UNTEN Aus dem Sirup des Zuckerrohrs wird der hervorragende rhume agricole mit 59 Prozent Alkoholgehalt hergestellt. Das Zuckerrohr transportiert man bis heute mit Ochsenkarren, die auf Kreolisch kabwé heissen.

192-193 Landhaus inmitten der fruchtbaren Landschaft in der Nähe von Desmarais im Norden. Neben Zuckerrohr kultiviert man auf der Insel auch Kokosnüsse und Mangos.

Saint Lucia

Inseln über dem Winde ▪ Commonwealth of Nations

Die Insel der heiligen Lucia, die bei Hochzeitsreisenden besonders beliebt ist

8000 epische Hexameter, verteilt auf sieben Bücher und 64 Kapitel: Der *Oméros*, das Hauptwerk der zeitgenössischen karibischen Literatur, ist ein gigantisches Versepos. Es erzählt eine Geschichte von drei Persönlichkeiten: vom Taxifahrer Hektor, der den Beruf seiner Väter verraten hat, um dem neuen Gott Tourismus zu huldigen; von Achill, einem Fischer, der sich mit einem alten Freund überwirft aus Liebe zu Helena, einem mulattischen, wunderschönen Zimmermädchen; und von Philoktetes, einem alten Seemann mit einer unheilbaren Wunde am Bein. Schauplatz des Werkes von Derek Walcott, der 1992 den Nobelpreis für Literatur erhielt, sind das Meer und die Vulkangipfel von Saint Lucia. Es ist kein Zufall, dass der karibische Dichter hier geboren ist – übrigens auch seine Hauptdarsteller, allesamt Afrikaner im Dauerexil der Neuen Welt – und sehr lange auf diesem Mitglied der Kleinen Antillen gelebt hat, denn diese ist gewissermaßen das Konzentrat aller anderen karibischen Inseln.

Die Strände auf Saint Lucia reichen von klassischen weißen Postkartenmotiven bis zu spektakulären schwarzsandigen Vertretern, und es gibt friedvolle, üppig grüne Täler. Aus diesen ragen, Zwillingen gleich, die malerischen Gipfel der Vulkane Gros und Petit Piton heraus, umgeben von einem noch ursprünglichen Gebiet mit Wasserfällen und schwefelhaltigen Thermalquellen in dichten Wäldern. Die kleine Insel, die im 16. Jahrhundert dem legendären Piraten François Le Clerc als Unterschlupf diente, verbindet eine Brücke mit Saint Lucia und ist Teil des Pigeon Island National Park.

Auf der Insel wird die kreolische Kultur hoch gehalten und zelebriert, zu sehen und zu spüren in der Architektur der Hauptstadt Castries, in den pittoresken Fischerdörfern, in der äußerst pikanten Küche und in der Musik mit ihren ansteckenden Rhythmen, die vor allem zu Karneval regelrecht explodiert. Und nicht zufällig war Saint Lucia im Laufe der Jahrhunderte ein sehr begehrtes Objekt: Die Franzosen und die Engländer haben sie sich 14 Mal einverleibt, was sie bekannt gemacht hat als die schöne Helena der Westindischen Inseln, um mit dem Homer-Mythos zu sprechen. Der Beiname steht Saint Lucia auch im 21. Jahrhundert noch ausgezeichnet. Jahraus, jahrein wird sie buchstäblich verfolgt – von Kreuzfahrtschiffen, Hochzeitsreisenden und allen anderen auf der Suche nach einem Paradies.

194 Vor einer Markthalle bieten fahrende Obst- und Gemüsehändler ihre Waren feil. Touristen schätzen besonders den Wochenmarkt von Castries an der Westküste von Saint Lucia.

194-195 Über dem Dorf La Soufrière ragen die markanten Silhouetten des Gros Piton und des Petit Piton auf, die Wahrzeichen der Westküste.

WISSENSWERTES

- **Staat:** Saint Lucia
- **Fläche:** 616 km^2
- **Entfernung zum Festland:** 770 km (ab Caracas, Venezuela)
- **Bevölkerung:** 173 765 Einwohner
- **Hauptort:** Castries
- **Klima:** Tropisch, gemäßigt durch die Passatwinde; die Trockenzeit dauert von Dezember bis Juni.
- **Landessprache:** Englisch, Haitianisch
- **Währung:** Ostkaribischer Dollar

196 oben Am Strand von La Soufrière befinden sich ein paar Luxushotels. Das Inseljuwel, Mitglied der Inseln über dem Winde, wurde schon acht Mal mit dem Titel »World's Leading Honeymoon Destination« bedacht.

196 unten Ein Traumstrand vor grüner Kulisse mit Blick auf den Petit Piton erwartet die Gäste des Jalousie Plantation. Das Luxusresort liegt auf dem Gelände einer alten Zuckerrohrplantage mitten in einem üppigen Regenwald.

197 Im Diamond Fall Botanical Garden in der Nähe des erloschenen Vulkans La Soufrière bahnt sich ein Wasserfall seinen Weg durch die tropische Vegetation. Naturlehrpfaden bietet der Garten seinen Besuchern ein Spa mit Wasser aus den Schwefelquellen, Hinterlassenschaften einer Eruption in grauer Vorzeit.

Barbados

Kleine Antillen ▪ Commonwealth of Nations

Die Heimat von Zucker in einzigartiger Qualität, der dem Rum-Punch seinen einzigartigen Geschmack verleiht

Der Zucker ist nicht einfach nur süß – wie bei edlen Weinen aus Regionen mit dem besten *terroir* für den Traubenanbau hängt auch die Qualität von Zucker mit dessen Herkunft zusammen. Und nach Expertenmeinung stammt der beste Zucker der Welt von Barbados. Auf der einzigen Koralleninsel weltweit, auf der Zuckerrohr angebaut wird, ist der Boden sehr alkalisch und enthält eine besondere Kombination aus Mineralien und Nährstoffen, die dem Zucker seine goldgelbe, an Champagner erinnernde Farbe und sein sehr spezielles, kräftiges Aroma mit einer Note von Heckenkirsche und Karamell verleihen. Es scheint, die herausragende Qualität des funkelnden Kristallzuckers überzeugt auf Anhieb jeden, der ihn einmal probiert hat. (Entsprechend wird er denn auch heute als Gourmetprodukt vertrieben.) Ebenso einfach ist es, während eines Barbados-Aufenthalts eine Vorliebe für den Rum-Punch zu entwickeln, der hier aus dem ältesten Zuckerrohr-Destillat der ganzen Karibik hergestellt wird. Übrigens wäre Barbados ohne seinen Zucker einfach nicht Barbados. 1625 kamen Engländer hierher, um Zuckerrohr anzubauen, blieben und brachten es zu einigem Wohlstand damit. 1966 dann wurde die Insel unabhängig (zumindest vom Commonwealth) und entwickelte sich nach Kanada und den Vereinigten Staaten als drittes Land auf dem amerikanischen Kontinent weiter. Heute stellen die Nachkommen der Sklaven, die zur Plantagenarbeit von den Engländern aus Afrika eingeschifft worden waren, 90 Prozent der Bevölkerung. Noch immer prägen die Zuckerrohrplantagen das Gesicht der Landschaft im Inselinneren. Viele der prachtvollen Herrenhäuser, die in karibisch-georgianischem Stil gehalten sind und einst den Plantagenbesitzern gehörten, wurden zu Luxusherbergen umgebaut, die heute »very british« anmuten. Doch nicht nur sein Zucker, auch Barbados selbst ist exquisit. Hier locken nicht nur siebzig Strände mit rosafarbenem Sand, sondern auch bemerkenswerte historisch-kulturelle Relikte (geschützt von einer Stiftung nach dem National-Trust-Modell), mit Hingabe gepflegte Naturwunder, perfekte Golfanlagen – und äußerst liebenswerte Menschen.

198 OBEN Der Schaum der Brandung küsst die weitläufige Bucht des Crane Beach. Barbados liegt ausserhalb des Bogens, den die Kleinen Antillen beschreiben, zwischen Karibik und Atlantik.

198 UNTEN Die Careenage ist eine Holzbrücke, die den Fluss der Hauptstadt Bridgetown überquert. Sie wurde bereits vor der Kolonisierung von den indigenen Inselbewohnern erbaut und wird daher auch »Indian Bridge« genannt.

198-199 Palmen und Bananenstauden tüpfeln die zum Strand hin abfallenden Wiesen bei Bathseba an der Ostküste.

WISSENSWERTES

- **Staat:** Barbados
- **Fläche:** 430 km²
- **Entfernung zum Festland:** 851 km (ab Caracas, Venezuela)
- **Bevölkerung:** 285 000 Einwohner
- **Hauptort:** Bridgetown
- **Klima:** Tropisch, gemäßigt durch die Passatwinde; die Trockenzeit dauert von Dezember bis Mai.
- **Landessprache:** Englisch, Bajan Patois
- **Währung:** Barbados-Dollar

Mustique

St. Vincent und die Grenadinen

Ein exotisches Märchen in der ehemaligen Heimat eines Barons, der hier seine ganz private »nicht existierende Insel« schuf

Im Jahr 1958 stellten 67 500 Dollar eine beträchtliche Summe dar, selbst für einen schottischen, dem schönen Leben zugetanen Aristokraten. Doch ebendiese Summe investierte damals Colin Christopher Paget Tennant, 3. Baron Glenconner in den Erwerb des kleinen, den Grenadinen zugehörigen Mustique. Außer dem abschreckenden Namen, der »Stechmücke« bedeutet, hatte die Insel neun paradiesische weiße Sandstrände, ein türkisblaues Meer, ein lebhaftes Korallenriff und im Inneren üppige tropische Vegetation zu bieten. Sie war unbewohnt, einmal abgesehen von den Meeresschildkröten. Lord Glenconner träumte davon, aus Mustique ein privates Refugium zu machen mit jeglichem seinem Rang angemessenen Komfort. Er gab noch mehr Geld aus, zum einen für den Bau einer Villa, zum anderen für mehrere Bedienstete, die er auf der Nebeninsel Saint Vincent anwarb und für die er ein Dorf und eine Schule errichten ließ. Doch trotz all diesem Luxus fristete er sein Leben in Einsamkeit. Als ihn dann 1960 Prinzessin Margaret und Lord Snowdon besuchten, die ihre Flitterwochen an Bord der Jacht »Britannia« in der Karibik verbrachten, machte ihnen der adelige Schotte ein großzügiges, interessantes Hochzeitsgeschenk: ein fünf Hektar großes Grundstück auf der Insel. Die neuen, so reich beschenkten Nachbarn betrauten den britischen Bühnenbildner Oliver Messel mit der Aufgabe, ein Haus für sie zu bauen, und die Villa »Les Jolies Eaux« entstand. Der Rest ist Geschichte. Heute ist Mustique ein Spielplatz der Reichen und Berühmten: Man findet etwa hundert prunkvolle Villen in toskanischem, balinesischem und sogar chinesischem Stil (von denen 74 wochenweise vermietet werden), das Luxushotel Cotton Club, das den Ruinen eines verfallenen Kolonialgebäudes entsprungen ist, außerdem akkurat gestutzte Rasenflächen und einige elegante Boutiquen. Die legendäre Cocktailbar »Basils« serviert zu Picknicks am Macaroni Beach Langusten und Champagner und organisiert Live-Jazz im Mondschein. Auf Mustique ist alles etwas künstlich und abgehoben, dabei aber ungewöhnlich prunk- und stilvoll. Designer Tommy Hilfiger, einer der berühmten Villenbesitzer hier, drückt es so aus: »Mustiques Reiz liegt in seiner Widersprüchlichkeit. Es ist weltgewandt, dabei aber natürlich, ungezwungen wie die Karibik und zugleich elegant wie die New Yorker Upper East Side.« Übrigens: Nachdem Lord Glenconner das gesamte Familienerbe für die Insel verschleudert hatte, verkaufte er 1976 seine Anteile an ein Investorenkonsortium und zog sich nach Saint-Lucia zurück, wo er 2010 starb.

200 Mustique ist das »Kronjuwel« der Grenadinen. Es möchte gar keine konventionellen Urlauber bedienen, und so stehen hier sage und schreibe 94 private Luxusvillen, die besonders von prominenten Besuchern geschätzt werden.

200–201 Vor Anker liegende Segelschiffe in der Britannia Bay, in der sich auch die wenigen exklusiven Lokale der Insel befinden. Die Insel, die sich in Privatbesitz befindet, ist seit Jahrzehnten ein Refugium der Milliardäre und Aristokraten. Selbst Prinzessin Margaret von England hat hier ihre Flitterwochen verbracht.

WISSENSWERTES

- **Staat:** St. Vincent und die Grenadinen
- **Fläche:** 5,7 km²
- **Entfernung zum Festland:** 713 km (ab der Küste Venezuelas)
- **Bevölkerung:** 522 Einwohner
- **Hauptort:** Britannia Bay
- **Klima:** Tropisch; Durchschnittstemperaturen: 20°C bis 32°C ganzjährig; die Trockenzeit dauert von November bis Mai.
- **Landessprache:** Englisch
- **Währung:** US-Dollar, obwohl die offizielle Währung von St. Vincent und den Grenadinen der Ostkaribische Dollar ist.

202 Pastellfarbene Pavillons im Belle-Époque-Stil vor tropischer, intimer Kulisse: Auf diese Weise begegnet Mustique der angelsächsischen Klischee-Vorstellung von einem Urlaub in der Karibik.

202–203 Ein Seerosenteich in einem der gepflegten Gärten auf der Insel. Mustique pflegt sorgsam seinen etwas snobistischen Ruf, ein Paradies für wenige Privilegierte zu sein.

Tobago

Kleine Antillen ▪ Trinidad und Tobago

RIESENBARSCHE, DIE AUF DEM DECK DER GESUNKENEN »MAVERICK« ZWISCHEN SCHWÄMMEN UND KORALLEN FÜR EIN BESONDERES SCHAUSPIEL SORGEN

Wie vielleicht nicht jeder weiß, hat Kolumbus aus der Neuen Welt auch ein Laster mitgebracht: das Rauchen. Die indigenen Taino auf Kuba gaben ihm die Blätter, die sie in eine Kokospfeife eingewickelt rauchten und *tabak* nannten. Der Seefahrer war sofort Feuer und Flamme für diesen Zeitvertreib, und bei seiner zweiten Reise war er den Blättern offenbar schon verfallen. Wie die Chroniken berichten, erblickte er bei der Ankunft auf einer Insel im tiefen Süden der Karibik einige rauchende Indios am Strand und rief begeistert: »Tobago!« – und der Inselname war geboren. Zusammen mit Trinidad bildet sie seit 1963 einen unabhängigen Staat und ist zudem das Verbindungsglied zwischen den Kleinen Antillen und Venezuela.

Es ist sehr wahrscheinlich, dass sich Daniel Defoe von Tobago zu seinem Roman *Robinson Crusoe* inspirieren ließ: Der Schriftsteller erzählt hier von schlammigem Wasser, das an stürmischen Tagen aus dem Fluss »Oronoque« überschäumte, und das Orinoco-Delta liegt genau vor der Insel. Außerdem schreibt er, dass der Schiffbrüchige sich wundert über die vielen Ziegen in der Nähe der Höhle, die er als Unterschlupf nutzt, und auf Tobago leben zahlreiche Ziegen. (Das Ziegenrennen ist eine der kuriosesten folkloristischen Veranstaltungen auf der Insel.) Den »Robinson-Effekt« löst Tobago aber nicht aus – die Insel ist alles andere als einsam. Sie wechselte 33 Mal den Besitzer, war jeweils mehrfach spanisch, französisch, schwedisch, holländisch und englisch und nahm Sklaven auf aus Indien, China, Europa und Afrika. Die Nachkommen Letzterer stellen heute die Mehrheit der Bevölkerung.
Wer auf Tobago Urlaub macht, den erwartet eine überbordende multiethnische Atmosphäre und eine facettenreiche Natur, von Wäldern im Inselinneren bis zu den gegensätzlichen Küstenlandschaften. Am Atlantik verlocken schwarze Sandstrände, während an der Karibik die Farbe Weiß dominiert. Vor allem aber besticht der äußerste Zipfel der Karibik mit seinem maritimen Artenreichtum, der ihn auch zu einem Traumziel für Taucher macht. Zu den zahllosen spektakulären Spots zählt etwa das Meer bei Rocky Point, wo das Wrack der »Maverick« liegt; die Fähre, die einst Tobago mit Trinidad verband, ist heute das Zuhause einer riesigen Barschgattung.

204 OBEN CHARLOTTEVILLE, IM ÄUSSERSTEN NORDOSTEN DER INSEL GELEGEN, IST NUR EINEN STEINWURF VON DER VENEZUELANISCHEN GRENZE ENTFERNT. DAS FRÜHERE FISCHERDORF IST HEUTE DIE HEIMAT ZAHLREICHER ELEGANTER VILLEN, DIE SICH INMITTEN VON GRÜN VERBERGEN.

204 UNTEN DIE HEITERKEIT DER KARIBEN ERREICHT BEI DEN KARNEVALSUMZÜGEN AUF TRINIDAD UND TOBAGO IHREN HÖHEPUNKT. DIESE TRADITION SPIEGELT DIE AFRIKANISCHEN EINSCHLÄGE IN DER INSELBEVÖLKERUNG WIDER.

204-205 SEGELBOOTE UND KATAMARANE VOR TOBAGO, DESSEN GEWÄSSER BESONDERS RUHIG SIND. TATSÄCHLICH FÄLLT DIE INSEL DANK IHRER LAGE KAUM DEN HURRIKANS ZUM OPFER, DIE HÄUFIG ÜBER DER KARIBIK TOBEN.

WISSENSWERTES

- **Staat:** Trinidad und Tobago
- **Fläche:** 300 km²
- **Entfernung zum Festland:** 180 km (ab der Küste Venezuelas)
- **Bevölkerung:** 55 000 Einwohner
- **Hauptort:** Scarborough
- **Klima:** Tropisch; die Trockenzeit dauert von Dezember bis Juni.
- **Landessprache:** Englisch, Tobago-Kreolisch
- **Währung:** Trinidad-und-Tobago-Dollar

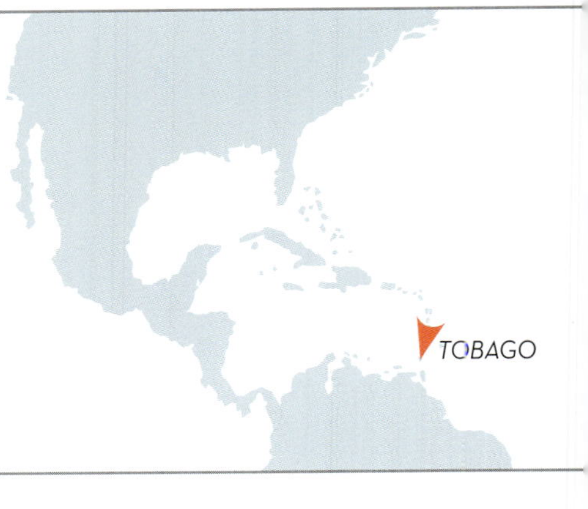

206-207 Ein Taucher vor einem farbenfrohen Gebilde aus Schwämmen und Korallen. Auf Tobago kann man zwischen rund zehn Tauchspots von fünf bis 30 Metern Tiefe und mit verschiedenen Schwierigkeitsgraden wählen. Sie verteilen sich an den beiden Enden der Inseln und tragen so vielsagende Namen wie Divers Dream, Kamikaze Cut und Japanese Garden.

207 Die Gewässer vor Tobago bergen eine grandiose Artenvielfalt, wie jeder, der einmal zum Wrack der »Maverick« hinabgetaucht ist, bestätigen kann. Die Schiffsüberreste, die in 30 Metern Tiefe liegen, sind mit Korallen und Schwämmen überzogen und bieten so diversen Fischschwärmen, darunter Riesenbarschen, einen idealen Lebensraum.

Gran Roque

Inseln unter dem Winde ▪ Venezuela

Mit den Passatwinden im Rücken einen einzigartigen Segeltörn durch die Korallenriffe erleben

In jeder menschlichen Ansiedlung in Venezuela – von der Metropole Caracas bis zu den *pueblos* Amazoniens – gibt es einen Platz, der nach dem *libertador* Simón Bolívar benannt ist. Auch das Dorf Gran Roque bildet hier keine Ausnahme und huldigt dem heißgeliebten südamerikanischen Helden auf diese Weise, doch ansonsten hat das Dorf mit dem Rest des Landes nicht viel gemein. Von den 1200 ständigen Bewohnern sind knapp die Hälfte Italiener. Abgesehen von der hiesigen Technologie, die aus einem kleinen (und unzuverlässigen) Elektrizitätswerk und einer Wasserentsalzungsanlage besteht, wirkt Gran Roque wie von einem Kind entworfen: Es gibt ein Postamt, eine Ambulanz, eine Schule und ein paar weiß oder

bunt gestrichene Häuschen, von denen etwa siebzig als so genannte *posadas* den jährlich rund 70 000 Touristen Kost und Logis bieten. Asphalt gibt es hier ausschließlich auf der Piste des kleinen Flughafens: Man hat sie erst kürzlich »modernisiert« und mit dem neuen Belag versehen.

Wer Schuhe trägt, wird auf Gran Roque schief angesehen, es sei denn, er will zu dem Leuchtturm hinaufklettern, der über der Insel thront. Sie sind hier aber auch wirklich überflüssig, denn die Füße werden ausschließlich von feinstem weißen Sand und vom Meer geküsst, das einfach umwerfend ist: Es wird von dem 1972 eingerichteten Nationalpark Archipiélago de Los Roques geschützt, dem ältesten und größten Naturschutzgebiet in der Karibik, und dehnt sich auf 225 153 Hektar aus. Es birgt türkisfarbene Lagunen und ungefähr 350 Sandbänke, Korallenatolle und Inseln, von denen Gran Roque als einzige ständig bewohnt wird.

All dieser Reichtum steht den Besuchern der Insel zur freien Verfügung – solange sie behutsam und umsichtig damit umgehen. Es ist unmöglich, sich auf Gran Roque zu langweilen: Die Tage verfliegen zwischen Baden, Tauchen, Ausflügen zu einsamen *cayos* oder Fischen. Abends kehrt man nach Gran Roque zurück, belohnt sich mit einer venezolanischen *empanada* oder mit einem Teller voller Spaghetti *al dente* mit Langusten – und fühlt sich wie in Italien!

208 »Natur pur« ist das Markenzeichen der grössten Insel des Archipels, das vom ältesten Naturschutzgebiet der Karibik geschützt wird. Die hiesigen Gewässer, in denen mehr als 300 Spezies zuhause sind, bieten traumhafte Tauch- und Schnorchelmöglichkeiten.

208-209 Dank des stetig wehenden Passats ist das Archipel auch ein Paradies für Segler.

WISSENSWERTES

- **Staat:** Venezuela
- **Fläche:** 1,7 km²
- **Entfernung zum Festland:** 160 km (ab Caracas)
- **Bevölkerung:** 1200 Einwohner
- **Hauptort:** Gran Roque
- **Klima:** Tropisch-trocken; die Temperaturen schwanken zwischen 26 °C im März und 28,5 °C im September.
- **Landessprache:** Kastilianisch. Italienisch ist weitverbreitet.
- **Währung:** Bolivar

210 OBEN Die in leuchtenden Farben gestrichenen Häuser der wenigen Bewohner von Gran Roque scheinen dem bunten Malbuch eines Kindes entsprungen.

210 UNTEN Ein wenig Blau auf strahlend reinem Weiss, das sind die Farben der kleinen Kirche von Gran Roque.

210–211 Renovierungsarbeiten in einer Strasse von Gran Roque. Das Dorf zählt nur 1200 Einwohner, davon fast die Hälfte Italiener, doch jährlich übernachten etwa 90 000 Touristen in den bunten posadas hier.

CURARIRE

WISSENSWERTES

- **Staat:** Besondere Gemeinde der Niederlande
- **Fläche:** 288 km^2
- **Entfernung zum Festland:** 259 km (ab Caracas, Venezuela)
- **Bevölkerung:** 14 500 Einwohner
- **Hauptort:** Kralendijk
- **Klima:** Tropisch, gemäßigt durch Passatwinde; auch in den Regenmonaten (Oktober bis Februar) fällt wenig Niederschlag.
- **Landessprache:** Holländisch, Papiamentu; Englisch ist weitverbreitet.
- **Währung:** US-Dollar

Bonaire

Kleine Antillen ▪ Besondere Gemeinde der Niederlande

Flamingos beobachten auf einer kreolisch-niederländischen Insel, auf der Rosa Trumpf ist

Der Flughafencode lautet ganz nüchtern »BON«, dabei sieht der Flamingo International Airport von Bonaire auf den ersten Blick aus wie ein Bonbon: Man hat ihn komplett rosa angemalt. Rosa sind auch die kleinen Flugzeuge der lokalen Flamingo Airlines, die Inselhopping zum nahen Aruba und Curaçao ermöglicht. Der Inselsender trägt den schönen Namen *Flamingo TV* und die meisten Souvenirs, die man auf den Straßen in der Hauptstadt Kralendijk kaufen kann, sind ebenfalls rosa - von den T-Shirts bis zu den Plüschflamingos nach dem Vorbild des Inselmaskottchens.
Live kann man den Flamingo, den besten Taucher unter den Wasservögeln, am besten in den Salzpfannen im Süden der Insel erleben oder an den Ufern des Sees Gotomeer im Washington National Park im Norden Bonaires. Zuweilen sind auch herrliche rosafarbene Züge von 10 000 Vögeln am Himmel zu entdecken. Auf der naturbelassensten aller Inseln, die den holländischen Teil der Kleinen Antillen bilden, sind neben Rosa aber auch noch andere leuchtende Farben im Überfluss zu sehen, beispielsweise die der 190 weiteren Vogelarten, die das Inselterritorium (zu dem auch Klein Bonaire in der Bucht vor der Inselhauptstadt Kralendijk gehört) bevölkern, oder die des Meeres, der Fische und der Korallen. Letztere leben in einem Riff inmitten eines Meeresparks, der die ganze Insel umgibt und mit seinen fotogenen Bewohnern vor allem blitzwütige Taucher und Schnorchler anlockt. Und schließlich schillern da in der Tropensonne die Salzberge, die vor weniger als hundert Jahren den Reichtum der Insel begründeten.
Anfang des 20. Jahrhunderts hat man auf dem Grund des Meeresarms zwischen den Kleinen Antillen und Venezuela große Petrolbestände gefunden, die Bonaire bequemen Wohlstand beschert haben. Dieser erlaubte es Bonaire, ein intelligentes Tourismusprogramm zu entwickeln, sodass sich hier nun alle Vorteile eines umweltbewussten Urlaubs genießen lassen - von leichten Trekkingtouren durch verschiedene Schutzgebiete bis zur Besichtigung von sogenannten *kunuku*, alten Wohnsitzen der Kolonisten. Und selbst für die 300 Esel, die den Flamingos ab und zu die Schau stehlen, ist das Leben hier rosa: Sie wurden vor 200 Jahren zum Arbeiten in den Salinen hergebracht und genießen heute in einem für sie reservierten Tal ihren wohlverdienten Ruhestand.

212-213 Die Chikitu Bay liegt im Washington-Slagbaai Nationalpark, der den nördlichsten Teil der zu den Kleinen Antillen gehörenden Insel umfasst.

213 Gerätetauchen vor Bonaire: Die Taschenlampe wirft ihren Lichtkegel auf Schwammköpfe, deren idealer Lebensraum sich in mehr als zehn Metern Tiefe befindet. Typisch ist ihre orangerote Farbe.

214-215 Die Nachfahren der holländischen Siedler, die noch immer auf der Insel leben, mögen lebendige Farben, wie die Architektur in der Inselhauptstadt Kralendjik an der Westküste beweist. Im Meer vor der Uferpromenade liegt die flache Insel Klein Bonaire.

215 Unten links Wer sich einmal an Flamingos satt sehen möchte, ist im Süden am Pekelmeer richtig oder im Norden am Gotomeer, einem Salzwassersee im Washington-Slagbaai Nationalpark.

215 Unten rechts Diese seltsam anmutenden Gebäude in der Chikitu Bay an der Ostküste dienten einst als Sklavenunterkünfte. Da sich am hiesigen Strand stets hohe Wellen brechen und die Strömungen im Meer sehr stark sind, ist das Baden untersagt.

Indonesian Restaurant
BALI

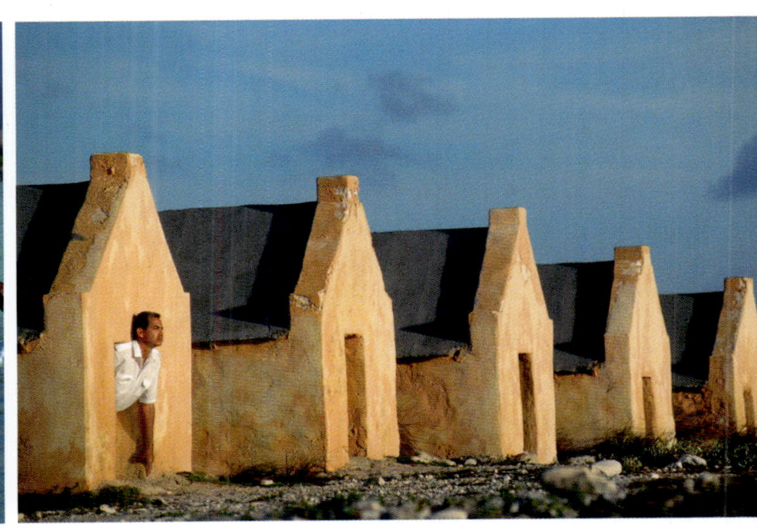

San Blás

PANAMA

URLAUB FÜR ANTHROPOLOGISCH INTERESSIERTE AN EINEM ORT, AN DEM DAS VOLK DER KUNA DIE SEELE DER KARIBIK BEWAHRT

Die passende Umschreibung für den Archipel San Blás (heute auch bekannt als Kuna Yala) wäre wohl Inselstaub, denn wie Staubkörner verteilen sich seine Eilande ab Panamas Karibikküste bis zu den dichten Wäldern im Darién. Mehr als die Hälfte dieser Körner sind namenlos, und wie viele es insgesamt sind, ist nicht bekannt: Jeder zählt sie anders, die einen kommen auf 365 Inseln, andere auf 377. Panamas Regierung veröffentlicht davon unbeeindruckt in offiziellen Dokumenten einfach die Angabe »300 und mehr«. Die genaue Anzahl der Inseln, die malerisch zwischen weißen Sandzungen und riesigen Korallenriffen liegen, kennen wohl nur die Kuna. Die letzten Überlebenden aus der präkolumbischen Zeit vor Entdeckung der Karibik durch die *conquistadores* stammen aus den Urwäldern im Darién, an der Grenze zwischen Panama und Kolumbien, und haben das Archipel im 17. Jahrhundert besiedelt. Die Kuna halten die Inseln für ein Geschenk des Gottes Ibeorgun und haben darum bis heute keinen Fremden, den sogenannten *waga*, erlaubt, hier dauerhaft zu siedeln. Nur wenige Mitglieder des Stammes, der in etwa fünfzig Dörfern auf ebenso vielen Inseln lebt, sind geneigt, sich an die Gesetze des Staates Panama zu halten; sie folgen stattdessen den Anweisungen der *sailagan*, der Weisen ihrer Gemeinschaft. In den Jahrhunderten haben die Kuna die Urwaldvegetation vollständig abgeholzt und das Archipel in eine riesige Kokosplantage verwandelt, deren Früchte zusammen mit Fischfang und Tourismus ihre wirtschaftliche Grundlage bilden.

Wie sein Breitengrad und seine äußere Anmutung schon vermuten lassen, ist der Archipel San Blás mit erstklassigen Stränden, einem kristallklaren Meer und intakten Korallenriffen gesegnet. Und wer sich mit einem *cayuco*, einem der landestypischen Kanus, auf Erkundungsreise begibt (und sich nicht an der schon fast aufdringlichen Gastfreundschaft der indigenen Bewohner stört), kann im rätselhaften Universum der Kuna grandiose anthropologische Erfahrungen sammeln. Man kann hier ihren ausgefeilten täglichen Ritualen beiwohnen oder ihre *molas* bewundern; die bunten Patchworkarbeiten zählen zum Schönsten, was das karibische Kunsthandwerk zu bieten hat.

216 Die Strände im Archipel San Blás laden dazu ein, dem Alltag zu entfliehen und zwei Schritte vom Wasser entfernt in einer Hängematte zu entspannen.

216–217 Vor wenigen Jahren hat sich Kuna Yala (wie das Archipel in der Landessprache schon immer hieß) einem nachhaltigen Tourismus geöffnet. Segelboote und Katamarane, die immer nur wenige Besucher mit sich bringen, sind hier seither stets willkommen.

WISSENSWERTES

- **Staat:** Panama
- **Fläche:** keine offizielle Angabe
- **Entfernung zum Festland:** Die dem Festland am nächsten gelegene Insel ist 1 kmvon der Halbinsel El Porvenir entfernt.
- **Bevölkerung:** 30 000 Einwohner
- **Hauptort:** El Porvenir (auf dem Festland)
- **Klima:** Tropisch-feucht; die kurze Trockenzeit dauert von Januar bis März.
- **Landessprache:** Spanisch, Kuna
- **Währung:** Balboa und US-Dollar

218 oben Eine Kuna in traditionellem Gewand bietet farbenfrohe molas an, eine Art Patchworkarbeiten mit stilisierten Darstellungen von Fabelwesen. In ihnen zeigt sich am besten die Faszination dieser Kultur, die von äusseren Einflüssen unberührt geblieben ist.

218 unten Der Stil und die Machart dieser Handarbeit spiegeln wider, dass die Urväter der Kuna nicht die gleichen sind wie die von anderen karibischen Stämmen: Die Kuna stammen von einem Volk ab, das vor Jahrhunderten aus dem heutigen Kolumbien hierher kam.

219 Die farbenfroh gekleidete Kuna scheint die Anwesenheit des Fotografen nicht zu schätzen. Obwohl sich das Volk dafür ausgesprochen hat, Fremde in sein Land zu lassen, begegnet es diesen noch immer mit einem gewissen Misstrauen.

WISSENSWERTES

- **Staat:** Brasilien
- **Fläche:** 17 km^2
- **Entfernung zum Festland:** 545 km (ab der Küste von Pernambuco)
- **Bevölkerung:** 3500 Einwohner
- **Hauptort:** Fernando de Noronha
- **Klima:** Durchschnittstemperatur: 28 °C jährlich (dank der Lage auf dem 3. Breitengrad südlich des Äquators); kurze Schauer prägen die Regenzeit (April bis August).
- **Landessprache:** Portugiesisch
- **Währung:** Real

Fernando de Noronha

ARCHIPEL FERNANDO DE NORONHA ▪ BRASILIEN

EINE URWÜCHSIGE WELT, AUFGETAUCHT AUS DEN UNTIEFEN DES MEERES, DIE IHRE BESUCHER IN TIEFER SEHNSUCHT ZURÜCKLÄSST

Von seiner Exkursion nach Fernando de Noronha an Bord der »Beagle« 1832 hinterließ Charles Darwin spärliche Aufzeichnungen: In seinem Tagebuch war nur zu lesen, dass die Schiffsbesatzung zum Abendessen einen Schweinswal fing und er sich bei einer kurzen Erkundung der Insel fragte, warum es keine Bäume gibt. Dann beschloss er, sich wieder aufs offene Meer zu begeben, »um neue Wunder zu entdecken«. Darwin konnte nicht wissen, dass die Bäume auf Fernando de Noronha vor einigen Jahrhunderten abgeholzt worden waren: Die Portugiesen, die 1739 auf der Insel eine Strafkolonie gegründet hatten, wollten vermeiden, dass sich ihre Gefangenen in den Wäldern verstecken. Sonst wussten nur wenige von der Existenz dieser abgelegenen Insel, die 1503 von Amerigo Vespucci entdeckt und dem Adeligen Fernão de Loronha geschenkt worden war. Letzterer gab der Insel ihren inzwischen etwas verunstalteten Namen, setzte aber nie einen Fuß darauf. Lange Zeit blieb sie ein vergessener Ort – und Darwin versäumte es, diesem Naturwunder einen ausführlicheren Blick zu schenken. Es besteht neben der Hauptinsel aus 21 kleineren Inseln und Felsen, Erhebungen einer weitläufigen vulkanischen Gebirgskette, die sich 4000 Meter über den Meeresspiegel erheben. Darüber hinaus ist eine interessante endemische Flora und Fauna zu bewundern mit seltenen Vögeln, Amphibien und Reptilien (etwa der »monströsen« *Amphisbaena ridleyana*, eine Doppelschleichenart) und den vielen Meeressäugern, Schildkröten, Fischen und Korallen in den warmen Gewässern des Archipels.

Fernando de Noronha wird heute von einem Nationalpark geschützt und ist ein brasilianisches Shangri-La für Naturforscher und Touristen, die sich jedoch an Vorschriften zu halten haben, wenn sie die Schönheiten hier genießen wollen – von den herrlichen Stränden über die nur auf Trekkingpfaden erreichbaren Oasen im Inneren bis zu den Schätzen unter Wasser. Um die Umwelt zu schützen und längere Aufenthalte zu vermeiden, lässt die brasilianische Regierung maximal 700 Besucher pro Tag zu. Sie alle bezahlen neben den horrenden Preisen für ökotouristische Aktivitäten eine hohe Tagessteuer. Ein Aufenthalt auf Fernando de Noronha sei sein Geld aber mehr als wert, sagen jene, die einmal hier waren und danach von einem seltsamen Virus befallen wurden: von der *neuronha*, der »Sehnsucht nach dem Paradies«.

220–221 Die Zwillingsfelsen Dos Irmãos ragen aus dem Wasser vor der Baia dos Porcos. Der hiesige Strand ist schwer zugänglich.

221 Auch Spuren der Vergangenheit sind zu finden in diesem Naturparadies, darunter die Reste der Burg Nossa Senhora dos Remedios.

222–223 Die Flügel der Weissbauchtölpel haben eine Spannweite von bis zu 1,50 Metern. Unter den zig Vogelarten, die in diesem Archipel leben, sind einige sogar ausschliesslich hier zuhause

223 oben Ein Fregattvogel in majestätischem Flug. Während der Paarungszeit schwillt der rote Hals der Männchen an, um die Aufmerksamkeit der Weibchen zu erregen und um den charakteristischen schnarrenden Lockruf zu ermöglichen.

223 unten Die tiefen Gewässer vor der brasilianischen Insel laden zu aufregenden Tauchgängen ein, bei denen man beispielsweise auf ganze Schwärme von Stachelmakrelen trifft.

Koror

Palauinseln ▪ Palau

Gesunkene Kampfflieger, Teufelsrochen, Riesenmuscheln und ein Quallen-Ballett in den Salzwasserseen

Es sind Millionen, und sie bewegen sich in dem klaren, sauerstoffreichen Wasser, als würden sie einen klassischen Tanz aufführen, immer in horizontaler Richtung. Sie sind für Menschen ungefährlich, verursachen allenfalls ein leichtes Brennen und gehören zu einer Unterart der Schirmquallen, die sich, begünstigt durch ihre Isolation, in eine andere Richtung entwickelt haben als ihre »Cousinen« in den benachbarten Lagunen. Zu Hause sind sie im See Ongeim'l Tketau (wie ihn die Palauer nennen), der durch unterirdische Spalten und Kanäle mit dem Ozean verbunden ist und auf Eil Malik liegt, einer der unbewohnten Inselchen im Archipel Rock Islands.

Schnorcheln im »Quallensee« ist eines der spektakulärsten Erlebnisse auf einer Reise nach Palau, einen der jüngsten Staaten der Erde (er wurde 1994 gegründet). Palau hat auch mit die geringste Bevölkerungsdichte weltweit – zumindest, was die menschliche Spezies betrifft: In den Gewässern des mikronesischen Archipels 500 Kilometer vor der philippinischen Küste leben 1300 Fischspezies (darunter zahlreiche Hochseefische und Riesenrochen) und 700 Korallenarten. Die Korallenriffe, perfekte Vertikalen unter der Wasseroberfläche, bilden eine riesige Spielwiese für Haie, die hier mit den weltweit strengsten Gesetzen ihrer Art geschützt werden. Die unterseeischen Gärten beheimaten zudem unglaublich viele *Tridacna gigas* (Große Riesenmuscheln), die größten Weichtiere des Planeten mit einem Gewicht von bis zu 250 Kilo, sowie unzählige Relikte aus dem Zweiten Weltkrieg, als die Inselgruppe in japanischer Hand war. Angesichts all dieser Schätze lässt sich Palau denn auch am besten mit einem Boot erkunden, und der perfekte Ausgangspunkt dafür ist Koror, eine der 16 Verwaltungseinheiten des Staates. Sie besteht aus den durch eine moderne Brücke verbundenen Inseln Ngerekebesang und Malakal und ist touristisch am besten erschlossen.

Koror, ein tolles Schutzzentrum für Delfine, bringt seinen Besuchern die mikronesische Kultur nahe, die sich den Naturschutz auf die Fahnen geschrieben hat und verlockt nicht zuletzt mit seiner Nähe zu den Rock Islands. Wie Zuckerhüte ragen diese Inseln mit ihrer reichen Vegetation aus dem Pazifik – ein Paradies im Paradies!

224 oben Auf Koror befindet sich die Hauptstadt des Archipels, die den Namen der Insel trägt, und ein Schutzzentrum für Delfine.

224 unten Diese große, in traditionellem Stil errichtete Hütte diente ursprünglich als Versammlungsort der Männer und steht heute im Belau National Museum, das sich der mikronesischen Kultur widmet.

224–225 Das grüne Labyrinth der Rock Islands, Traumziel für Taucher aus aller Welt. An zahlreichen Spots sind hier spektakuläre Ökosysteme zu entdecken, und an der nahe gelegenen, 30 Meter hohen Korallenwand namens Blue Corner kann man Haien und Teufelsrochen begegnen.

WISSENSWERTES

- **Staat:** Palau
- **Fläche:** 1125 km²
- **Entfernung zum Festland:** 2217 km (ab Darwin, Australien)
- **Bevölkerung:** 14 000 Einwohner
- **Hauptort:** Koror
- **Klima:** Tropisch-feucht; Durchschnittstemperatur: 27 °C bei 82 % Luftfeuchtigkeit; zwischen November und Mai fällt weniger Regen.
- **Landessprache:** Englisch, Palauisch, Japanisch
- **Währung:** US-Dollar

226–227 Wracktauchen auf Koror gehört zu den spektakulärsten Erlebnissen, die das Archipel bereithält: Hier liegen ungewöhnlich viele gesunkene Schiffe und Flugzeuge wie dieses japanische, eine Hinterlassenschaft des Zweiten Weltkriegs.

227 Auf von Weichkorallen gebildeten Formationen haben sich Haarsterne und Seelilien mit langen beweglichen Armen angesiedelt. In den Gewässern vor Palau leben 1300 Fischarten und 700 Korallenspezies, zudem sind hier häufig grosse Schwärme von Teufelsrochen anzutreffen.

Hamilton Island

Whitsunday Islands ▪ Australien

So schön, dass sogar Mutter Natur hier ihr Herz verloren hat … zu sehen aus der Luft

Ben Southall, Engländer, Anfang dreißig und ehemaliger Arbeiter in einer Fabrik für Gartenmöbel, küsste 2009 das Glück: Als die Regierung von Queensland im Internet die Stelle eines »Inselwarts« für Hamilton Island ausschrieb, setzte sich Southall gegenüber 34 000 Mitbewerbern durch und bekam ihn, den »schönsten Job der Welt«. Auf der Insel im Herzen der Whitsunday Islands musste er nichts anderes tun als die Strände und das Meer zu genießen und einen Blog darüber zu schreiben. Millionen Menschen haben ihn damals beneidet, und sie konnten sich nur damit trösten, dass es sich um einen befristeten Vertrag handelte. Ben aber, dessen Leistungen auf diesem Gebiet überzeugten, durfte seine abenteuerliche Karriere im Jahr 2011 fortsetzen, dieses Mal als Protagonist der »schönsten Expedition der Welt«. Dafür verließ er Hamilton Island einige Monate, um mit dem Segelboot, dem Kajak und häufig unter Wasser das größte unterseeische Naturschutzgebiet der Erde abzufahren, das 1600 Kilometer lange Great Barrier Reef.

Im Laufe der Jahre hat die Regierung von Queensland 1,7 Millionen australische Dollar in die Arbeit von Ben investiert und damit in eine Werbekampagne, deren Rücklauf in Form von Touristenströmen geschätzte 450 Millionen Dollar eingebracht hat. Im Übrigen haben Bens spektakuläre Bilder und enthusiastische Blogeinträge weltweit zu der Überzeugung geführt, dass es sich bei Hamilton Island um das schönste Reiseziel überhaupt handeln muss.

Die kaum fünf Quadratkilometer große Insel ist für Autos gesperrt und hat als Einzige der 74 Whitsunday Islands ein fast »brutales« touristisches Wachstum erlebt. Heute ist sie Startpunkt für Reisen zu den Wundern des Great Barrier Reef und vollkommener Mikrokosmos zugleich. Man findet Unterkünfte für jeden Geldbeutel, Gourmetrestaurants und ein vielfältiges Nachtleben, kann 40 verschiedene Sportarten ausüben, tropische Natur genießen, Koalabären ganz nah kommen und (von Juli bis September) Wale auf ihrer Wanderung beobachten. Strände wie Whitehaven, »weißes Paradies«, halten, was ihre Namen versprechen, und es gibt sogar ein Korallenriff, das Heart Reef – aus der Luft sieht man, dass es im türkisblauen Meer tatsächlich ein perfektes Herz bildet.

228 Hamilton Island ist eines der Naturwunder in der Nähe des Great Barrier Reef, nur einen Steinwurf vor der Küste Queenslands gelegen.

228–229 Vom Ausichtspunkt Tongue Point aus lassen sich die fantastischen Regenbogenfarben bewundern, die die Strömung auf den weissen Meeresgrund vor dem Whitehaven Beach zaubert. Der Strand gehört zu den schönsten der Welt. An seinem Ende erstreckt sich die Bucht Hill Inlet.

WISSENSWERTES

- **Staat:** Queensland (Australien)
- **Fläche:** 5 km^2
- **Entfernung zum Festland:** 16 km (ab Queensland)
- **Bevölkerung:** 1347 Einwohner
- **Hauptort:** Marina Village
- **Klima:** Tropisch; Durchschnittstemperaturen: 30 °C im Dezember und Januar, 24 °C im Juni und Juli.
- **Landessprache:** Englisch
- **Währung:** Australischer Dollar

230 Das Heart Reef mit seiner perfekten Silhouette gehört gewiss zu den eindrucksvollsten unter den zahllosen Korallenformationen der Welt.

230–231 Ein Flug über die Korallenlandschaft Hardy Reef ist ein unvergessliches Erlebnis. Die bei Ebbe aus dem Meer auftauchenden Gebilde zeichnen ein labyrinthisches Muster, das in den schillerndsten Farben leuchtet.

WISSENSWERTES

- **Staat:** Australien
- **Fläche:** 4405 km²
- **Entfernung zum Festland:** 13 km (ab Cape Jervis, South Australia)
- **Bevölkerung:** 4400 Einwohner
- **Hauptort:** Kingscote
- **Klima:** Subtropisch, fast mediterran, gemäßigt durch Ozeanwinde und trocken; Durchschnittstemperaturen: 25 °C; der Sommer dauert von Dezember bis Februar.
- **Landessprache:** Englisch
- **Währung:** Australischer Dollar

Kangaroo Island

Australien

Das Feinschmeckerparadies Südaustraliens, in dem nicht nur Wein und Honig fliessen

Ein australisches Gesetz verbietet strengstens die Einfuhr von Bienen und Honig nach Kangaroo Island. Auf den ersten Blick erscheint das lächerlich, aber die Gründe dafür wiegen schwer: Australiens drittgrößte Insel ist das älteste Bienenschutzgebiet der Welt. Der erste Bienenstock wurde 1884 von einem italienischen Einwanderer mitgebracht und beheimatete eine aus Ligurien stammende Art (die in ihrer Heimat wenig später ausstarb). Dank dem milden Klima, der besonderen Umgebung und der Isolation vermehrt sich die Population noch heute und liefert quantitativ und qualitativ überragenden Honig. Honig ist aber nicht das einzige exquisite Erzeugnis von Kangaroo Island. Die weit über die Grenzen Australiens hinaus als Paradies für Gourmets bekannte (und zu 100 Prozent auf Bio setzende) Insel verfügt über ausgedehnte Weiden und stellt bemerkenswerten Käse her. Aus den hiesigen Weintrauben werden die besten Cuvées der südlichen Hemisphäre gekeltert und aus dem Eukalyptus, der hier wächst, entsteht äußerst aromatisches Öl. Das Meer tut sich hervor mit unglaublich schmackhaften Langusten und hochwertigsten Weichtieren wie Seeohren, denen im Orient eine aphrodisierende Wirkung nachgesagt wird.
Schon allein die Aussicht auf ein Leben wie Gargantua und Pantagruel ist Grund genug, Kangaroo Island einen Besuch abzustatten, aber die Insel hat auch sonst sehr viel zu bieten: Für Naturliebhaber gibt es mehrere Nationalparks, vom Flinders Chase National Park bis zum Seal Bay Conservation Park (etwa ein Drittel der Insel ist Naturschutzgebiet), die Kängurus, Ameisenigeln, Koalas, Ohrenrobben, Seelöwen und Pinguinen eine Heimat bieten und spektakuläre Ziele für Trekkingtouren, Wanderritte oder Ausflüge mit dem Mountainbike abgeben. Wer einen romantischen Rückzugsort sucht, findet viele kleine, schicke Unterkünfte, die in der Landschaft verteilt oder in den alten Leuchttürmen auf den Felsen untergebracht sind. Unter den 4400 Inselbewohnern finden sich in etwa so viele Landwirte wie Fischer und Künstler (manchmal alles in einer Person), und der Hauptort Kingscote wirkt wie eine Galerie: Hier leben Maler, Bildhauer, Töpfer, Textilhandwerker, Glasbläser und Goldschmiede, und es herrscht eine lebhafte, kosmopolitische Atmosphäre. Was wohl keiner vermutet: Dieses Paradies wurde noch vor 500 Jahren von raubeinigen Robbenfischern regiert ...

232–233 Die wilde Pennington Bay, eine weitläufige Bucht an der Südküste von Kangaroo Island, ist trotz ihrer Tücken bei Surfern sehr beliebt.

233 Früher gehörte die Jagd von Robben zum Alltag der Inselbewohner. Mittlerweile hat man den possierlichen Säugetieren mit dem Seal Bay Conservation Park sogar ein eigenes Schutzgebiet gewidmet.

234-235 Sie heissen Remarkable Rocks und sind wirklich bemerkenswert: Der Flinders Chase National Park im Westen der Insel ist bekannt für die Felsformationen, die wie von einem Bildhauer bearbeitet wirken. Sie bilden den spektakulären Rahmen für eine nicht minder spektakuläre Tierwelt, deren Mittelpunkt natürlich die Beutelsäuger bilden: Kängurus, Koalas, Ameisenigel ... Daneben leben hier viele andere Spezies, die man nur in Australien zu Gesicht bekommt.

235 unten Eine Dünenlandschaft prägt den Nullarbor National Park, einen der interessantesten Orte Südaustraliens nahe Kangaroo Island. Hier ist eine riesige Population von Wombats zuhause; diese Beutelsäuger ähneln grossen Nagetieren.

Viti Levu

Fidschi

Beim Wandeln auf den Spuren alter Riten die modernen Vorzeichen des Wohlstands deuten lernen

Das »Südsee-Syndrom« hätte einen Platz in den Lehrbüchern der Medizin wirklich verdient. Jeder, der schon einmal auf den Fidschi-Inseln war und am liebsten für immer geblieben wäre, weiß das. Der Archipel aus etwa 330 Vulkan- und Koralleninseln verlockt mit strahlend weißen Stränden und romantischen Lagunen, die original dem Film *Die blaue Lagune* entsprungen scheinen, der einst eine ganze Generation hat träumen lassen. An einem der Felsen hier würde man gerne Schiffbruch erleiden (wie Tom Hanks in *Cast Away – Verschollen*, einem der vielen hier gedrehten Monumentalfilme) und bis in alle Ewigkeit nur schwimmen, surfen und abtauchen, um das weltweit drittgrößte Labyrinth aus Korallenriffen zu erkunden. Man wünscht sich hier auch, von einem der legendären Platzregen überrascht zu werden und einen Unterschlupf zu suchen in den Wäldern, auf den Vulkangipfeln oder inmitten der ländlichen Landschaft von Viti Levu, der größten und vielfältigsten Insel des Archipels.

Wer diese ersten Symptome verspürt, sollte schnell in die Zivilisation zurückkehren, unter Menschen, etwa bei einem Tag in Suva, der Hauptstadt der Republik Fidschi an der Südwestküste von Viti Levu. Die Stadt bietet eine faszinierende Kombination von viktorianischer Architektur und orientalisch anmutenden Märkten, denn ihre Bevölkerung besteht jeweils zu gleichen Teilen aus Chinesen und Indern (beide Nationen kamen im 19. Jahrhundert hierher, um auf den Zuckerrohrplantagen zu arbeiten) sowie Melanesiern. Letztere bezeichneten die europäischen Seefahrer im 18. Jahrhundert in ihren Tagebüchern als die »barbarischste Rasse der Erde«, und sie hatten triftige Gründe dafür: Man erzählt sich, es sei auf Viti Levu Brauch gewesen, das Ende eines Kampfes mit einem Bankett zu feiern, bei dem das Fleisch der Besiegten auf die Teller kam. Ihrer kannibalischen Vergangenheit zum Trotz rühmt man das Volk heute aber für seine Liebenswürdigkeit und Gastfreundlichkeit.

Wenn man ein wenig auf der Insel umherspaziert, wird man nicht selten zu einem *burau* eingeladen, einem rituellen Umtrunk, bei dem man aus einer halben Kokosnussschale *kava* zu sich nimmt. Auch wenn einen das Getränk aus den Wurzeln des Pfefferstrauchs nicht gerade anmacht, sollte man es nicht ausschlagen – das würde die Fidschianer beleidigen. Heute, da der Archipel ein echtes Paradies ist, steht der Ritus für Verbrüderung, früher aber trank man *kava* aus den Schädeln seiner Feinde. Vielleicht hilft einem ja dieses Detail dabei, das »Südsee-Syndrom« wieder loszuwerden …

237 Das Dickicht des Regenwalds im Inselinneren, der spektakuläre Wasserfälle birgt, durchbrechen hübsche Kava-Pflanzen mit zarten Blüten. Aus den Wurzeln dieser Pflanzen wird das gleichnamige Nationalgetränk gewonnen, das man aus einer Kokosnussschale zu sich nimmt.

WISSENSWERTES

- **Staat:** Republik Fidschi
- **Fläche:** 10 539 km²
- **Entfernung zum Festland:** 2795 km (ab Brisbane, Australien)
- **Bevölkerung:** 580 000 Einwohner
- **Hauptort:** Suva
- **Klima:** Subtropisch-feucht; Durchschnittstemperatur: 25 °C; häufige Niederschläge zwischen November und April (an der Ostküste stärker).
- **Landessprache:** Englisch, Palauisch, Japanisch
- **Währung:** Fidschi-Dollar

238-239 Die Korallenriffe der Fidschis, das weltweit drittgrösste System dieser Art, bilden eine farbenfrohe Kulisse für die aussergewöhnliche Artenvielfalt in diesen Gewässern.

239 Der etwa 50 Kilometer von der Hauptstadt Suva entfernte Strand von Pacific Harbour ist ein beliebter Badeplatz. Zu Füssen der Berge im Hinterland der Insel breiten sich traditionelle Dörfer aus; mit 1300 Metern ist der Tomaniyi der höchste unter ihnen.

Vava'u

Tonga

IN EINEM ENTZÜCKENDEN ARCHIPEL IM KÖNIGREICH TONGA WALE BEOBACHTEN UND DER ENTSTEHUNG NEUER INSELN BEIWOHNEN

Als Fredrik Fransson 2006 von Brisbane aus mit seinem Segelboot in die Südsee aufbrach, beschloss er, für seine Lieben zu Hause einen Blog über seine Reise zu schreiben. Niemals hätte er damit gerechnet, dass die Presseagenturen der halben Welt einen seiner Einträge verbreiten würden, den vom 17. August nämlich: Als er an diesem Tag seine Jacht »Maiken« durch die Inselgruppe Vava'u manövrierte, stieß er auf eine Sandbank, die in keiner Seekarte verzeichnet war und sich auf mysteriöse Weise auszudehnen schien. Er dokumentierte das seltsame Phänomen in mehreren Bildern, aber erst nach einigen Stunden – und dank Reaktionen aus dem Internet – wurde ihm klar, dass er Zeuge einer »Inselgeburt« war, ausgelöst von der Eruption eines unterseeischen Vulkans. Natürlich stehen die Chancen, ein solches Ereignis selbst zu erleben, auch optimistisch geschätzt bei 1:1 000 000 000.

Vava'u, einer von vier Archipelen im Königreich Tonga, der aus der Hauptinsel Vava'u und circa 40 Inselchen besteht, hält aber auch an normalen Tagen Außergewöhnliches bereit. Im Juli etwa bringen die Wale nach ihrer mehr als 5000 Meilen langen Reise aus der Antarktis in den ruhigen, lauwarmen Gewässern hier ihren Nachwuchs zur Welt. Bis zu dessen Entwöhnung Mitte Oktober kann man die Giganten der Meere dann hautnah erleben, mit ihnen schwimmen und sogar beim Säugen der Jungtiere zusehen.

Der Archipel ist aber auch den Rest des Jahres ein äußerst vielseitiges Traumziel. Wer sich einmal wie Robinson Crusoe fühlen möchte, findet vor den Stränden ein Meer mit so intensiv leuchtenden Farben, dass man sie für retuschiert halten möchte. Passionierte Taucher können sich an Korallenriffen mit überragendem Artenreichtum und vierzig Metern Sichtweite erfreuen. Und auch Freunde von Segeltörns wie Fredrik Fransson kommen voll auf ihre Kosten. Glaubt man einigen echten Seebären, gibt es im ganzen Südpazifik keine sicherere (und malerischere) Anlegestelle als den Port of Refuge in der gleichnamigen Bucht der Insel Vava'u, zugleich die lebendigste und eleganteste touristische Destination im Archipel mit kosmopolitischer Atmosphäre. Wer aber der von einer üppigen Vegetation fast verborgenen Straße hier nur wenige Kilometer weit folgt, erreicht den Inselhauptort Neiafu und damit die Hochburg der Traditionen Tongas, des einzigen Königreichs der Südsee. Und mit etwas Glück erlebt man hier vielleicht doch noch ein einzigartiges Schauspiel: einen Besuch des Königs George Tupolu V.

240 Vava'u ist die Hauptinsel von einer der vier Inselgruppen, die den Archipel von Tonga bilden. Bis heute wird Tonga von einem König regiert.

240–241 Das unglaublich klare Wasser vor Vava'u erlaubt Blicke auf den Meeresgrund in bis zu 30 Meter Tiefe. In den Gewässern der Insel mit ihrem Artenreichtum wird unter anderem der Hochseefischerei gefrönt.

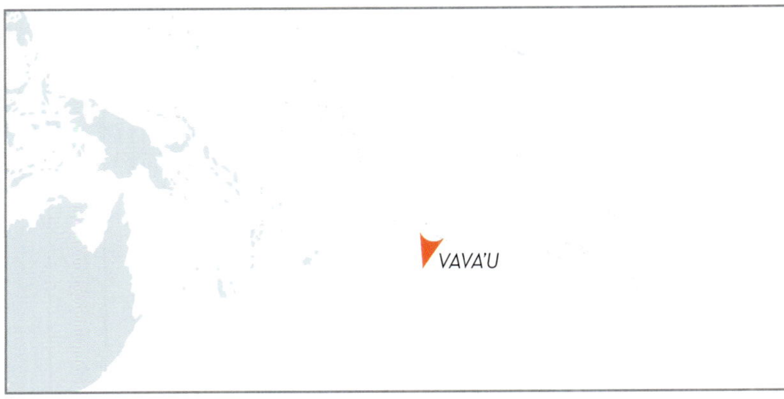

WISSENSWERTES

- **Staat:** Königreich Tonga
- **Fläche:** 89,4 km²
- **Entfernung zum Festland:** 4388 km (ab Brisbane, Australien)
- **Bevölkerung:** 10 000 Einwohner
- **Hauptort:** Neiafu
- **Klima:** Tropisch; die Trockenzeit dauert von April bis Oktober.
- **Landessprache:** Tongaisch, Englisch
- **Währung:** Pa'anga

242 Diesen Fischschwarm »erleuchtet« das Licht, das durch den Eingang der Swallow Cave auf den Meeresboden fällt. In den Gewässern vor der Insel finden sich mehrere solcher Grotten.

243 Ein Buckelwal und sein Nachwuchs beim Schwimmtraining. Die Giganten kommen im Juli als der Antarktis in die Gewässer vor Vava'u, um zu gebären, und bleiben hier bis zur Entwöhnung der Jungen Mitte Oktober. In dieser Zeit kann man sie toll beobachten und sogar mit ihnen schwimmen.

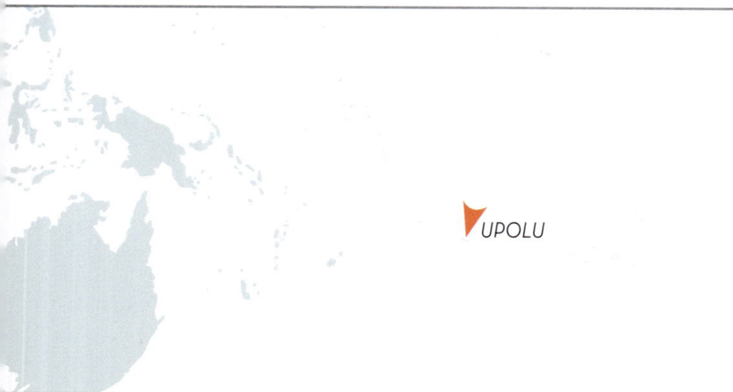

WISSENSWERTES

- **Staat:** Samoa
- **Fläche:** 1125 km²
- **Entfernung zum Festland:** 3922 km (ab Brisbane, Australien)
- **Bevölkerung:** 135 000 Einwohner
- **Hauptort:** Apia
- **Klima:** Tropisch, vom Monsunregen beeinflusst; Durchschnittstemperatur: 29 °C; die Trockenzeit dauert von Mai bis Oktober.
- **Landessprache:** Samonisch, Englisch
- **Währung:** Tala

Upolu

Samoainseln ■ Samoa

Im Paradies von Robert Louis Stevenson auf der Suche nach dem samoischen Lebensgefühl

Als er am 3. Dezember 1894 starb, trauerten die Menschen von Upolu um ihn wie um einen weisen Vater: Sie hüllten seinen Leichnam in ein Tuch, legten Blumen darauf und trugen ihn, von Gesängen begleitet, in einer Prozession den unwegsamen Pfad bis zum Gipfel des Mount Vaea hinauf, wo er in allen Ehren bestattet wurde. Robert Louis Stevenson, von den Einheimischen auch Tusitala, »der Geschichtenerzähler«, genannt, wählte seine letzte Ruhestätte selbst aus: Für ihn war diese Anhöhe das Paradies wegen des herrlichen Panoramablicks auf Vailima, das Anwesen mit dem prächtigen, hoch gelegenen Wohnsitz im Kolonialstil, in dem er die letzten vier Jahre seines kurzen, intensiven Lebens verbrachte.
Den Autor von *Die Schatzinsel* und *Der schwarze Pfeil* (um nur zwei seiner Hauptwerke zu nennen) verschlug es auf der Suche nach einem für seine angeschlagene Gesundheit förderlichen Klima eher zufällig nach Upolu. Dass sich zwischen ihm und der Insel sofort eine beidseitige Liebesbeziehung entwickelte, bezeugt heute noch das in seinem Wohnhaus untergebrachte Museum, ein einzigartiges überraschendes Highlight für alle, die auf den Samoainseln Urlaub machen.
Stevenson hätte sich keinen poetischeren Ort als Upolu aussuchen können: Grün, vulkanisch, geprägt von Tälern, Wasserfällen und scharfkantigen, schwarzen Felsen und mit ungewöhnlich schönen, türkisfarbenen Buchten und Lagunen gesegnet, verströmt die Insel eine derart geheimnisvolle Faszination, dass man sie der Feder eines großen Romanciers entsprungen wähnt. Es gibt hier fast unwirklich erscheinende Orte wie der ewig lange Strand von Lalomanu oder To Sua, auch »Großes Loch« genannt, ein smaragdfarbenes, von Wänden aus Lavagestein und Riesenfarnen flankiertes Becken, das ein unterirdischer Kanal mit Wasser aus dem Pazifik speist. Fast ebenso unwirklich ist die Harmonie und Heiterkeit, die Besuchern auf den farbenfrohen Märkten in der Hauptstadt Apia und in den Dörfern begegnet und in den lokalen Traditionen – von dem eleganten Tanz, dem *siva*, bis zu den *lava-lava* genannten Textilarbeiten –, die das *fa'a Samoa*, das Lebensgefühl hier, stark prägen. Das Leben hier wird, ungeachtet der Kolonisation und der Modernisierung, noch von der Natur, dem Meer und der Gemeinschaft bestimmt und ist noch immer authentisch. Die einzige Ausnahme bildet dabei die Leidenschaft der Bewohner für einen europäischen Sport: für Rugby.

244–245 Upolu wartet mit zahlreichen Stränden auf wie dem von Lalomanu und Matareva. Ein tolles Korallenriff breitet sich in der Nähe von Aleipata aus.

245 Der Wasserfall von Papapapaitai ist einer der höchsten Fälle auf den Samoainseln und eine der Naturattraktionen Upolus. Beeindruckend ist auch To Sua, ein Naturschwimmbad mit Wänden aus Lavastein, das unterirdisch mit Meerwasser gespeist wird.

WISSENSWERTES

- **Staat:** Cookinseln
- **Fläche:** 18,05 km²
- **Entfernung zum Festland:** 5132 km (ab Australien)
- **Bevölkerung:** 2194 Einwohner
- **Hauptort:** Arutanga
- **Klima:** Tropisch; Durchschnittstemperaturen: 19 °C bis 29 °C; die Trockenzeit dauert von Mai bis Oktober.
- **Landessprache:** Englisch, Maori
- **Währung:** Neuseeland-Dollar

Aitutaki

Cookinseln

Auf der Suche nach dem perfekten *Motu* im gelobten Land der indigenen Südseebewohner

Die Bewohner Aitutakis halten sich für die Nachfahren von Ru, dem Krieger und Seefahrer, der – so erzählt man sich – in einer stillen Vollmondnacht mit seinem Kanu hier anlegte. Er kam aus Avaiki, der legendären Heimat der ersten Polynesier, und wurde begleitet von seinen vier Frauen und einer Schar Diener und wunderschöner Mägde. Ru war von der weitläufigen Lagune so verzaubert, dass er entschied, für immer hier zu bleiben und sich der Liebe zu widmen. In jedem Mythos steckt bekanntlich ein Funken Wahrheit, und es fällt leicht zu glauben, dass dieses »Beinahe-Atoll« (man nennt es so, weil es fast nur noch aus Vulkanfelsen und Korallenriffen besteht und von der Hauptinsel nicht mehr viel übrig ist) für die Südseebewohner eine Art Gelobtes Land gewesen sein könnte. Aber zurück in die Gegenwart: Tony Wheeler, der australische Vater der ebenfalls legendären Lonely-Planet-Reiseführer, preist Aitutaki als eines der besten Urlaubsziele in Polynesien. Die Natur präsentiert sich hier als Archetypus eines Tropenparadieses, ob in der mit bunt schillernden Fischen und Korallen reich bevölkerten Lagune oder auf der Hauptinsel mit ihren 15 *Motus*, Inselchen, die sich wie eine Perlenkette entlang dem Riff aneinanderreihen. Und die Bewohner haben sich den Glauben an Ru bewahrt und pflegen stolz ihren Ruf eines liebenswerten, fröhlichen Menschenschlags. Als erstes Volk im Pazifikraum nahmen die Menschen auf Aitutaki das Christentum an, das von britischen Missionaren Anfang des 19. Jahrhunderts hierher gebracht wurde. (Das bedeutendste Gebäude auf Aitutaki ist denn auch die älteste Kirche auf den Cookinseln, 1823 aus Korallensteinen erbaut.) Die Insulaner haben jedoch ungeachtet der Maßregelungen durch die anglikanischen Hochwürden daran festgehalten, mit traditionellen, spirituellen Tänzen Mutter Erde zu zelebrieren. In Vaipae kann man dieses Schauspiel noch heute erleben, sonntags nach der Messe. Das Dorf zwischen den Palmen trägt nicht umsonst den Spitznamen »Hollywood«: Seine Einwohner lieben es, aus allem ein Spektakel zu machen. Und auch die traditionellen Wochenmärkte überall versprühen die Lebenslust und Freude, die für diese wunderbare Insel so typisch sind. Andererseits findet man aber auch Momente purer Einsamkeit, etwa auf One Foot Island: Das romantischste *motu* im Atoll gibt einem wirklich das Gefühl, als erster Mensch überhaupt hier im Sand Fußspuren zu hinterlassen.

246–247 Der winzige motu One Foot Island vor Aitutaki verkörpert das Urbild eines Südseeparadieses, mit Worten nicht zu beschreiben.

247 oben Aitutaki – im Bild seine Lagune – ist eines von 15 Eilanden, die die Cookinseln bilden.

247 unten Die Cookinseln, die etwa in der Mitte zwischen Hawaii und Neuseeland liegen, wurden als erste Orte im Südpazifik christianisiert. Die Kirche von Arutanga stammt aus dem 19. Jahrhundert.

WISSENSWERTES
- **Staat:** Französisch-Polynesien
- **Fläche:** 134 km²
- **Entfernung zum Festland:** 6290 km (ab Australien)
- **Bevölkerung:** 16 191 Einwohner
- **Hauptort:** Afareaitu
- **Klima:** Tropisch-feucht, gemäßigt durch die Passatwinde; Durchschnittstemperaturen: 25 °C bis 30 °C; die Trockenzeit dauert von April bis Oktober.
- **Landessprache:** Französisch, Tahitianisch
- **Währung:** CFP-Franc

Moorea

Inseln über dem Winde ▪ Französisch-Polynesien

Ein Garten der Freuden – und schwarze Perlen, die wertvollsten Meeresfrüchte der Welt

Es gibt wohl kaum etwas Romantischeres als eine Unterkunft über dem Wasser mit einem Boden aus Glas, durch den man wie durch eine gigantische Taucherbrille ins Wasser schauen kann. Mittlerweile gibt es solche Unterkünfte in den tropischen Paradiesen aller Kontinente, aber in den 1960er-Jahren brauchte es noch drei junge Kalifornier, um sie zu erfinden. Die Bali Hai Boys, wie sie sich nannten, beschlossen nach dem Uniabschluss, ihr Glück in Französisch-Polynesien zu versuchen. Auf Moorea, das sie sich für dieses Abenteuer ausgesucht hatten, errichteten sie weit draußen in der türkisfarbensten aller Lagunen der Insel das erste Resort aus Pfahlbauten. Der Begriff *fare piloti* für einen über dem Wasser »aufgehängten« Bungalow ist in den Wortschatz der tahitianischen Sprache eingegangen, doch Naturschützer sind noch immer gegen diese Konstruktionen, die, wie sie behaupten, die Landschaft zerstören. Theoretisch betrachtet haben sie recht: Durch all diese Schlafzimmer auf Pfählen, die sich in den herrlichen Zwillingsbuchten Cook und Opunohu aneinanderreihen, sieht Moorea von oben nun nicht mehr aus wie die herzförmige, von einem perfekt geformten Ring aus Korallenriffen umgebene Insel, die Charles Darwin einmal mit »einem gerahmten Gemälde« verglich. Der Naturforscher traf seine Aussage damals aber vom Gipfel einer Anhöhe auf Tahiti aus (das etwa zwanzig Kilometer entfernt liegt), wo er an seiner Theorie über die Entstehung der Atolle arbeitete; die mit dem Flugzeug anreisenden Touristen heute bewegen hingegen ganz andere Gedanken: Ihnen kündigt der Anblick der vielen Bungalows die Freuden an, die sie erwarten. Moorea, das sich weniger »städtisch« gibt als Tahiti, stellt den Inbegriff eines Traumziels dar und ist denn auch bei Hochzeitsreisenden die beliebteste der Gesellschaftsinseln. Über Wasser, unter Wasser und selbst vom Wasser aus wirkt die Insel wie von einem perfektionistischen Bühnenbildner entworfen. Man findet hier wundervolle natürliche und nicht minder spektakuläre »künstliche« Schätze. Tiki Village etwa, das vollkommene Abbild eines traditionellen Dorfes, ist eine der kulturellen Hauptattraktionen der Inselgruppe; hier kann man beispielsweise Aufführungen von faszinierenden Volkstänzen erleben. Und die schwarzen Perlen, die hier kultiviert werden, gehören zu den kostbarsten Geschenken, die man von einer Reise nach Polynesien mitnehmen kann.

248-249 Moorea liegt nur 35 Schiffsminuten vom Touristenliebling Tahiti entfernt. Zu den beliebtesten Attraktionen auf der Insel zählt eine Übernachtung in einer der traditionellen Hütten, genannt fale, denen von den hiesigen Luxusresorts neues Leben eingehaucht wurde.

249 oben Die Kirche von Haapiti mit ihren Zwillingstürmen, im Hintergrund die grüne Landschaft der Südküste. Moorea wurde Anfang des 19. Jahrhunderts von englischen Missionaren evangelisiert.

249 unten Die Cook's Bay, in der sich bunte Souvenirläden finden, ist eine der beiden Buchten an der an der Nordküste. Die tiefe Bucht schützt ein Korallenriff, das, an zwölf Stellen unterbrochen, die ganze Insel umgibt.

Bora Bora

Inseln unter dem Winde ▪ Französisch-Polynesien

MAGISCHE NÄCHTE IN MODERNEN BUNGALOWS, DIE AUF PFÄHLEN ÜBER DEM AZURBLAUEN WASSER DER LAGUNEN SCHWEBEN

Für die Polynesier ist sie Vava'i, »die Erstgeborene«, erschaffen vom Gott Taaroa. Und wenn auch nicht aus genealogischen Gründen, so steht Bora Bora doch auch bei allen anderen an erster Stelle, angefangen bei James Cook, der 1777 hier ankam, bis hin zu den Tausenden Urlaubern der Gegenwart: Sie gilt als die schönste aller Inseln dieser Welt.

Sowohl ihre Landschaften als auch ihre äußere Form machen sie zum Archetypus einer Trauminsel. Sie liegt im Archipel der Gesellschaftsinseln und gehört zu den Inseln unter dem Winde, gelegen in jenem Teil der legendären Südsee, den die Geschichte den Franzosen zugespielt hat. Das gerade einmal 38 Quadratkilometer große vulkanische Überbleibsel, das Bora Bora bildet, ist das Ergebnis einer Eruption vor drei Millionen Jahren. Dominiert wird die Insel von den beiden Lavabergen Otemanu und Pahia, die aus der Ferne wie zwei Märchenschlösser erscheinen, und einer üppigen, duftenden Vegetation. Die weltberühmte türkisfarbene Lagune, die sie einfasst, trägt eine Perlenkette aus *motu*. Diese Inselchen mit ihren perlmuttfarbenen Sandstränden ragen aus einem Korallenriff auf, das mit spektakulären Korallen und 700 Fischarten schon selbst ein echtes Schmuckstück darstellt.

Als erste Menschen landeten hier um 900 n. Chr. Polynesier in sogenannten *tiparua*, Kanus mit Doppelkielen. Im 18. Jahrhundert dann verleibten sich die Franzosen die Insel als Überseeterritorium ein. Touristisch wurde Bora Bora vor kaum fünfzig Jahren entdeckt; zu der Zeit begann man auch, sie zu einem Urlaubsparadies auszubauen. Heute gibt es auf dem größten *motu* der Inselgruppe einen Flughafen, auf den meisten anderen Luxusresorts. Letztere bieten alle mehrere *fare*, Bungalows, oder noch exklusivere *fare piloti*, die heiß begehrten Pfahlbauten in den Lagunen. Ein Urlaub auf dieser Trauminsel verheißt (selbstredend absolut perfektes) Strandvergnügen, und zwar über ebenso wie unter Wasser: Ein typischer »Sport« auf Bora Bora ist es, in der Nähe der Korallenriffe mit Mantarochen zu schwimmen oder Haie zu füttern. Wegen ihrer romantischen Atmosphäre schätzen sie unzählige Flitterwöchner und Verlobte, die hier heiraten – es sind wahre Traumhochzeiten, umrahmt von sinnlichen Tanzeinlagen und untermalt von den Klängen der traditionell aus Muscheln hergestellten Instrumente.

251 Die zerklüfteten Vulkangipfel dominieren das Gesicht von Bora Bora und bilden einen malerischen Kontrast zum kristallklaren Wasser seiner Lagune. Diese Schönheit ihrer Natur hat der Insel zu ihrem Titel »Perle des Pazifiks« verholfen.

WISSENSWERTES

- **Staat:** Französisch-Polynesien
- **Fläche:** 29,3 km²
- **Entfernung zum Festland:** 5767 km (ab Brisbane, Australien)
- **Bevölkerung:** 8880 Einwohner
- **Hauptort:** Vaitape
- **Klima:** Tropisch-feucht, gemäßigt durch den Passatwind; Durchschnittstemperaturen: 25 °C bis 30 °C; die Trockenzeit dauert von April bis Oktober.
- **Landessprache:** Französisch, Tahitianisch
- **Währung:** CFP-Franc

252 Aus der Vogelperspektive lässt sich die Struktur des Atolls gut erkennen. Die beiden Gipfel der Insel, die von einer Kette aus Motus umgeben ist, halten die wenigen vorbeiziehenden Wolken auf.

252-253 Der Otemanu mit seinen 727 Metern wacht über das exotische Paradies Bora Bora, das der einzige Überrest eines riesigen Vulkans ist, der vor langer Zeit sank. Ein Korallenriff umschliesst Bora Bora wie ein Deich, bei Ebbe sichtbar, bei Flut unsichtbar. Nur an einer Stelle gibt es einen Kanal, der die Gewässer innerhalb des Riffs mit dem offenen Meer verbindet.

Raiatea

Inseln unter dem Winde ▪ Französisch-Polynesien

Schon in den alten Mythen und noch bis heute »Die Mutter aller Inseln«

Das *marae* von Taputapuatea in der Nähe des Dorfes Opoa ist der heiligste Ort in ganz Polynesien. Das Haus, 1000 n. Chr. errichtet, und Oro, dem Gott des Krieges und des Meeres, gewidmet, besteht aus drei Terrassen aus Vulkanstein, die von primitiven anthropomorphen Skulpturen gesäumt werden. Noch heute ist es ein beliebtes Pilgerziel der Polynesier, die hier als Zeichen ihrer Verehrung kleine, wappenähnliche Holztafeln hinterlassen, Symbole für den jeweiligen Stamm. Dieser mit mysteriöser Energie aufgeladene Ort liegt auf Raiatea, zweitgrößte Insel der Gesellschaftsinseln (nach Tahiti) und größte der Inseln unter dem Winde. Der Legende nach ist sie identisch mit Havaiki, also mit der Mutter all der Inseln, die sich später im Pazifik verstreut haben. Und in gewisser Weise wirkt Raiatea wirklich wie der Ursprung für all diese mit ihrer vielfältigen Landschaft, vom Gesicht der klassischen saphirblauen Buchten bis zum Umland des zunächst unscheinbaren Flusses Faaroa, eine Art Mini-Amazonas und der einzig schiffbare Strom in ganz Französisch-Polynesien. Raiatea ist auch nach oben hin schier unbegrenzt: Im Süden dominiert die Bergkette des Tefatoaiti mit seinen 1000 Metern, an der Westküste thront der Mont Temehani, der, obschon der niedrigere der beiden, als polynesischer Olymp gilt: Die Seelen des hiesigen Seefahrervolks sollen von hier aus in den Himmel aufsteigen, durch duftende Wälder, in denen auch die wundervolle Tiare Apetahi wächst, das seltene florale Maskottchen Polynesiens. Am Ende des Weges landen die Seelen im Paradies oder im Fegefeuer; eine Hölle hat der Mythos nicht vorgesehen – vielleicht weil niemand, der auf dieser herrlichen Insel leben darf, Anlass hätte zu Taten, die mit der Verdammung bestraft werden müssten … Die Lebensfreude des »Volkes ohne Sünde« zeigt sich am lebendigsten in der Inselhauptstadt Uturoa. Besonders mittwochs und freitags lohnt ein Besuch, denn dann legen hier die Bauern der Nachbarinsel Tahaa mit ihren Pirogen voller Obst und Gemüse an. Tahaa, in der gleichen Lagune wie Raiatea gelegen und bekannt für seinen Vanilleanbau, ist auch selbst ein tolles Ausflugsziel. Raiatea und Tahaa halten außerdem den Ruf der polynesischen Seefahrer hoch und sind die Hauptdarsteller bei der traditionellen Pirogen-Regatta Hawaiki Nui Va'a, hier jährlich Ende Oktober stattfindet und stets mehr als 2000 Teilnehmer aus der ganzen Welt zählt.

254 Die meisten Mitglieder der Inseln unter dem Winde weisen eine zerklüftete grüne Küste auf. Hier, nahe Raiateas Hauptstadt Uturoa, trennt ein Meeresarm das Eiland von der Nachbarinsel Tahaa.

254-255 Raiatea ist die zweitgrößte Insel des Archipels – nur Tahiti ist noch grösser. Neben berühmten Stränden hat Raiatea auch im Hinterland Naturschönheiten zu bieten, etwa den 1000 Meter hohen Berg Temehani, der als polynesischer Olymp betrachtet wird.

WISSENSWERTES

- **Staat:** Französisch-Polynesien
- **Fläche:** 192 km²
- **Entfernung zum Festland:** 5818 km (ab Brisbane, Australien)
- **Bevölkerung:** 12 000 Einwohner
- **Hauptort:** Uturoa
- **Klima:** Tropisch-feucht, gemäßigt durch die Passatwinde; Durchschnittstemperaturen: 25 °C bis 30 °C; die Trockenzeit dauert von April bis Oktober.
- **Landessprache:** Französisch, Tahitianisch
- **Währung:** CFP-Franc

Rangiroa

TUAMOTU-ARCHIPEL ▪ FRANZÖSISCH-POLYNESIEN

EIN DÜNNER STREIFEN SAND, DER AUS DEM AZURBLAUEN MEER AUFTAUCHT UND IN HUNDERTE INSELCHEN ZERSPLITTERT

Sie sind selten geworden auf unserem Planeten, die Orte, wo man noch echte Nächte erleben kann. Ursprüngliche Nächte, in denen die Sterne so nah und so stark leuchten, dass man meint, man könne sie wie Glühwürmchen in der Hand halten. Nächte, die dem Wort »Unendlichkeit« wieder eine Bedeutung verleihen. Rangiroa ist ein solcher Ort.

Ihren Namen bekam die Insel von den indigenen Polynesiern, in deren Sprache Rangiroa »weiter Himmel« bedeutet. Es ist sonderbar, dass sie ausgerechnet den Himmel hier unvergessen machen wollten – als hätten sie geahnt, dass wir in einer fernen Zeit Städte bauen würden, die mit ihren künstlichen Lichtern den Himmel verdunkeln und die Nacht entstellen. Der Tatsache, dass Rangiroa ein weitläufiges Atoll ist – das

größte südlich des Äquators, wie später entdeckt wurde, und derart ausgedehnt, dass es mit dem Horizont zu verschmelzen scheint –, schenkten sie dagegen keine Beachtung. Genauer betrachtet ist Rangiroa ein elliptisch geformtes Atoll mit einem Umfang von 200 Kilometern, an denen sich 415 *motus*, Inselchen, aufreihen. Sie bilden eine traumhaft schöne blaue Lagune, die Hunderte Kanäle, sogenannte *r'oa*, im Korallenriff mit Pazifikwasser speisen. Dieses Geschenk der Südsee erschließt sich nur wenigen: Kaum 2000 Ureinwohner verteilen sich auf nur zwei Inselchen, und Urlauber müssen zahllose Flüge auf sich nehmen, um ans Ziel zu kommen. Die Bilder auf diesen Seiten sagen mehr als tausend Worte über die übernatürliche Schönheit der Insel und die Erfahrungen, ob romantischer oder sportlicher Art, die man hier (auch unter Wasser) sammeln kann. Und dass die Wirtschaft der Insel auf Fischfang, Tourismus und der Zucht der schwarzen Perlen, für die Polynesien so berühmt ist, basiert, versteht sich wohl ebenfalls von selbst. Dagegen schwer vorstellbar ist, dass hier Weintrauben gedeihen. Doch auf der kleinen Insel Avatoru bedecken diese in ordentlich gezogenen Reihen, unterbrochen von Kokosnusspalmen, acht Hektar – Ergebnis eines kühnen Unterfangens der französischen Domaine Dominique Auroy, das 1992 gestartet wurde. Heute erntet man zwei Mal im Jahr und keltert 40 000 Flaschen »Vin de Tahiti«, zu haben als Rosé Nacarat, Blanc Moelleux und Blanc de Corail.

256 Rangiroa ist mit seinem Umfang von 200 Kilometern das größte Atoll der Südhalbkugel. Auf seiner Landfläche gibt es zwei einsame Dörfer, Avatoru und Tiputa.

256-257 Der motu Blue Lagoon ist einer der schönsten unter den 450 seiner Art, die das herrliche Atoll Tuamatu bilden. Hervorragende Schnorchelbedingungen bieten die Gewässer vor dem Strand von Île aux Recifs und am Papiro Point.

WISSENSWERTES

- **Staat:** Französisch-Polynesien
- **Fläche:** 79 km²
- **Entfernung zum Festland:** 6238 km (ab Australien)
- **Bevölkerung:** 2473 Einwohner
- **Hauptort:** Avatoru
- **Klima:** Tropisch-feucht, gemäßigt durch die Passatwinde; Durchschnittstemperaturen: 25 °C bis 30 °C; die Trockenzeit dauert von April bis Oktober.
- **Landessprache:** Französisch, Tahitianisch
- **Währung:** CFP-Franc

258 Dieses von hohen Palmen bewachsene Inselchen wirkt wie Spielzeug in einem Planschbecken. Bei einem der äusserst beliebten Ausflüge mit einem Segelboot oder einem Katamaran kann man Dutzende solcher Inseln entdecken, die im offenen Meer rund um Rangiroa treiben.

258-259 Der Südseetraum schlechthin: die 35 Meter tiefe Lagune von Rangiroa. Wer in einem der Wasserkanäle schwimmt, die sie mit dem offenen Meer verbinden, fühlt sich wie in einem wunderbaren Aquarium mit Millionen von Fischen.

WISSENSWERTES
- **Staat:** Französisch-Polynesien
- **Fläche:** 85 km²
- **Entfernung zum Festland:** 5471 km (ab Mexiko)
- **Bevölkerung:** 587 Einwohner
- **Hauptort:** Omoa
- **Klima:** Tropisch-feucht; Durchschnittstemperatur: 27 °C; ganzjährig Niederschläge (weniger häufig von April bis Oktober).
- **Landessprache:** Französisch, Marquesanisch
- **Währung:** CFP-Franc

Christmas Island

Linieninseln ▪ Kiribati

Potenzielles Opfer einer Überflutung, ausgelöst durch die globale Erwärmung

James Cook landete am 24. Dezember 1777 als erster Europäer auf der Insel. Er fand sie unbewohnt vor, abgesehen von den Resten einiger primitiver Siedlungen der Eingeborenen, und da sie kaum sein Interesse weckte, blieb er nur so lange, bis er sich nach unzähligen Monaten auf See wieder an festen Boden unter den Füßen gewöhnt hatte. Wenig fantasievoll nannte er sie Christmas Island, Weihnachtsinsel (heute wird sie offiziell Kiritimati genannt, wie sie in der Sprache der Indigenen Mikronesiens schon immer hieß). Im Nachhinein betrachtet ist die Insel wirklich ein Geburtsort, wenngleich kein religiöser: Hier, in der Zeitzone GMT +14, küsst das Licht des neuen Tages die Erde zuerst.

Die Insel, die also stets »der Zeit voraus« ist, bildet auch das größte gehobene (das heißt aus dem Wasser ragende) Korallenatoll der Erde, flach, windumtost, mit Salzwasserlagunen gespickt und von kristallklarem Wasser umgeben. Das weit abgelegene Naturparadies bietet eine unberührte Heimat für Hunderttausende Meeresvögel und zählt fünf winzige Dörfer namens Paris, London (beide wie ihre »Originale« durch einen Meeresarm voneinander getrennt), Poland, Banana und Tabwakea. Sie alle wurden von kühnen Europäern gegründet, die in der zweiten Hälfte des 19. Jahrhunderts hier ankamen und begannen, den hier vorhandenen Guano und das Phosphat abzubauen und Kokospalmen zu pflanzen. Keinem von ihnen war Erfolg damit vergönnt, und so kam es, dass Christmas Island fast das ganze 20. Jahrhundert unbewohnt blieb, bis schließlich zwischen 1957 und 1962 zuerst die Engländer und dann die Amerikaner hier Nukleartests durchführten. Heute, nachdem die Radioaktivität auf ein normales Maß gesunken ist und mit der finanziellen Unterstützung durch die britische Regierung die Spuren des Kalten Krieges beseitigt sind, wurde die Insel neu geboren: Die Republik Kiribati startete ein Wiederbevölkerungsprogramm, fördert einen elitären Tourismus rund um die Sportfischerei und lässt es sich teuer bezahlen, dass man hier den ersten Sonnenaufgang der Erde erleben kann.

262 Christmas Island gehört zu den Linieninseln, einer von drei kleineren Inselgruppen, die den Inselstaat Kiribati bilden. Kiritimati ist offiziell der erste Ort auf der Welt, an dem der neue Tag anbricht.

262–263 Wie feine Spitze säumt das Meer das Land an der Westküste von Christmas Island. Das Atoll mit der größten Landfläche der Erde ist sehr stark vom Anstieg des Meeresspiegels bedroht.

WISSENSWERTES

- **Staat:** Kiribati
- **Fläche:** 359,5 km^2
- **Entfernung zum Festland:** 5316 km (ab Australien)
- **Bevölkerung:** 3225 Einwohner
- **Hauptort:** London
- **Klima:** Tropisch-feucht; die Temperaturen schwanken zwischen 26 °C und 32 °C; die Trockenzeit dauert von Dezember bis Februar und von Juni bis September.
- **Landessprache:** Englisch, Gilbertesisch
- **Währung:** Australischer Dollar

WISSENSWERTES

- **Staat:** Hawaii (USA)
- **Fläche:** 673 km²
- **Entfernung zum Festland:** 4125 km (ab der kalifornischen Küste)
- **Bevölkerung:** 7400 Einwohner
- **Hauptort:** Kaunakakai
- **Klima:** Tropisch und stark von den Passatwinden beeinflusst; die meist im Sommer auftretenden Regenschauer werden von den Bergen auf eine kleine Fläche begrenzt.
- **Landessprache:** Englisch, Hawaiisch
- **Währung:** US-Dollar

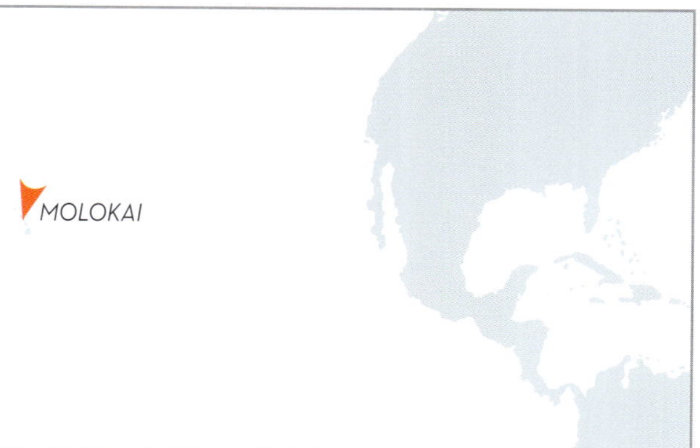

Molokai

Hawaii ▪ USA

Schwarze, aus dem blauen Ozean emporragende Berge – die Wiege des Wortes »atemberaubend«

»Aloha! Bitte entschleunigen, dies ist Molokai!« Ein Schild mit diesen Worten begrüßt auf dem Inselflughafen die Besucher. Das sind nur wenige, verglichen mit den Massen an den Stränden Honolulus auf Big Island oder in Maui beim Surfen.
Im ganzen Archipel bewahrte Molokai, den Verführungen des Tourismus und der Globalisierung gegenüber fast immun, die Kultur seiner Vorfahren und seine ethnische Homogenität – 50 Prozent seiner Bewohner sind hier geboren. Auf Molokai, das lange Zeit ein exklusiver Aufenthaltsort der *kahuna* (Priester) war, erhebt man stolz den Anspruch, der »hawaiianischste Ort Hawaiis« zu sein, und eine Reise zu seinen Schönheiten führt vor allem zur lokalen Natur in all ihrer Gelassenheit und Beständigkeit. Im Herzen der Insel, ganz in der Nähe ihres bewohnten Hauptorts Kaunakakai, findet man zwei außergewöhnliche Orte: Der erste ist der Palaau State Park, Heimat des Kauleonanahoa; dem wie ein Phallus geformten Stein wird die Fähigkeit zugesprochen, Frauen ihren Kinderwunsch zu erfüllen. Der zweite namens Kalaupapa National Historic Park liegt in einer einzigartig faszinierenden Gebirgslandschaft und wird zum Meer hin von Lavaklippen begrenzt, die in einer perfekten Vertikalen aus 1000 Metern Höhe zum Wasser hin abfallen und als die höchsten der Welt ins *Guinnessbuch der Rekorde* aufgenommen wurden.

Die ursprünglichste Region der Insel erstreckt sich aber im Norden, wo in schmalen Tälern seltene Pflanzenarten wachsen, darunter das letzte Exemplar der endemischen Pritchardia-Palme. Dem Naturschutz widmen sich zudem das Kamakou Preserve im Osten, ein Wald aus Sandelholzbäumen und Riesenfarnen, und das Moomomi Dunes Preserve, ein Abschnitt an der Westküste. Letzteres Gebiet weist als Einziges im Archipel eine Strandflora auf, die noch nicht mit exotischen Spezies durchmischt ist. Und hier liegt auch der Popohaku Beach, mit sechs Kilometern Hawaiis längster Sandstrand. Der Sage nach hat Laka, die Hula-Göttin, vor dieser grandiosen Szenerie zum ersten Mal getanzt. Ihr zu Ehren wird der sinnliche Tanz hier jedes Jahr im Mai mit einem Fest gefeiert.

264-265 Kalaupapa ist eine der ältesten Siedlungen auf der Insel. Sie liegt im flachsten Gebiet der gleichnamigen Halbinsel an der Nordküste, die für die bemerkenswert hohen Felsen bekannt ist, die vor ihr aus dem Wasser aufragen.

265 Die Bungalows des Hotels Molokai am Strand von Kamiloloa, in der Nähe des Inselhauptorts, wurden nach dem Vorbild der Hütten der Einheimischen gestaltet. Vor diesem Küstenabschnitt breitet sich auch das einzige Korallenriff des Archipels aus.

266-267 Ein hohes Kap dominiert die felsige Küste bei Kahakuloa im Norden von Molokai.

267 oben Der sandige Twenty Miles Beach, so genannt aufgrund seiner Länge, zieht vor allem Schnorchelfans an.

267 unten Eine schroffe, urwüchsige Landschaft prägt das Hinterland der Insel. Unbedingt sollte man das Halawa Valley in der Region East End besuchen: Das Tal ist so spektakulär, dass es auch Cathedral Valley genannt wird.

Die Autorin

JASMINA TRIFONI, Jahrgang 1966, erwarb an der Universität von Padua ein Diplom in Politikwissenschaften und war zehn Jahre lang als Redakteurin für das italienische Reisemagazin »Meridiani« tätig. Heute arbeitet sie als freie Reisejournalistin und schreibt für alle großen italienischen Reisemagazine. Jasmina Trifoni veröffentlichte verschiedene Bildbände zu den Themen UNESCO-Welterbestätten, Städte der Welt und Zivilisationen der Antike, unter anderem im italienischen Verlag White Star. Die passionierte Reisende hat ihre Leidenschaft zum Beruf gemacht und konnte im Laufe der Jahre vielfältige ethnische und kulturelle Erfahrungen in den verschiedensten Teilen der Erde sammeln, von Indien über Südostasien bis in den Nahen Osten.

Register

Kursive Zahlen kennzeichnen die Erwähnung in Bildunterschriften.

BILDNACHWEIS

S. 2-3 Alberto Nardi/Tips Images
S. 4-5 Nicola Iacono/CuboImages
S. 6-7 Archivio White Star
S. 9 Bob Krist/Corbis
S. 10-11 Juergen Richter/Agefotostock
S. 12-13 Photolibrary/Getty Images
S. 14 Christophe Boisvieux/hemis.fr/Getty Images
S. 14-15 Photolibrary/Getty Images
S. 16 Guido Alberto Rossi/Tips Images
S. 16-17 David Tomlinson/Alamy/Milestone Media
S. 18-19 Eva Parey/Agefotostock/Marka
S. 19 oben Gonzalo Azumendi/Agefotostock/Marka
S. 19 unten Dario Mainetti/Cuboimages
S. 20 Anania Carri/CuboImages
S. 20-21 Marcello Bertinetti/Archivio White Star
S. 22-23 Photolibrary/Getty Images
S. 23 Adriano Bacchella/CuboImages
S. 24-25 Marcello Bertinetti/Archivio White Star
S. 25 Anne Conway/Archivio White Star
S. 26-27 Ernst Wrba/Alamy/Milestone Media
S. 27 Maria Grazia Casella/Alamy/Milestone Media
S. 28 oben Mirko Angeli/Alamy/Milestone Media
S. 28 unten Giulio Veggi/Archivio White Star
S. 28-29 Ian Dagnall/Alamy/Milestone Media
S. 30 Marcello Bertinetti/Archivio White Star
S. 30-31 Marcello Bertinetti/Archivio White Star
S. 32-33 Robert Harding Picture Library/Tips Images
S. 33 International Photobank/Alamy/Milestone Media
S. 34 oben Giovanni Cavalli/Agefotostock/Marka
S. 34 unten Photolibrary/Getty Images
S. 34-35 Antonio Attini/Archivio White Star
S. 36 Laura Ciapponi/Getty Images
S. 36-37 Giulio Veggi/Archivio White Star
S. 38-39 Photolibrary/Getty Images
S. 39 Photolibrary/Getty Images
S. 40 Chris Caldicott/Getty Images
S. 40-41 Matteo Carassale/Hoa-qui/Gamma
S. 42 oben Christian Handl/Agefotostock/Marka
S. 42 unten Bluered/Cuboimages
S. 42-43 Gunter Flegar/Agefotostock/Marka
S. 44 Andreas Seewald/Agefotostock/Marka
S. 44-45 Photolibrary/Getty Images
S. 46-47 Gunter Flegar/Agefotostock/Marka
S. 47 Liane Matrisch/Agefotostock/Marka
S. 48-49 Held Jurgen/Agefotostock/Marka
S. 49 Alfio Garozzo/Archivio White Star
S. 50-51 Alfio Garozzo/Archivio White Star
S. 52 Robert Harding Productions/Getty Images
S. 54-55 Photolibrary/Getty Images
S. 55 oben Robert Harding Productions/Getty Images
S. 55 unten Barry Marsden/Getty Images
S. 56 Marco Simoni/Getty Images
S. 56-57 Gerhard Zwerger-Schon/Agefotostock
S. 58 oben Photolibrary/Getty Images
S. 58 unten Photolibrary/Getty Images
S. 59 Jean-Marc Romain/Getty Images
S. 60 SuperStock/Agefotostock/Marka
S. 60-61 Danny Lehman/Corbis
S. 62-63 Jean-Pierre Lescourret/Corbis
S. 63 Antonio Attini/Archivio White Star
S. 64 Robert Harding/CuboImages
S. 64-65 Mike Kipling Photography/Alamy/Milestone Media
S. 66 oben W. Buss/De Agostini Picture Library
S. 66 unten W. Buss/De Agostini Picture Library
S. 66-67 Jean-Pierre Lescourret/Corbis
S. 68 Jon Arnold Images/DanitaDelimont.com
S. 69 CW Images/Alamy/Milestone Media
S. 70 Alfio Garozzo/Archivio White Star
S. 70-71 Alfio Garozzo/Archivio White Star
S. 72 David Beatty/ Agefotostock/Marka
S. 72-73 Austrophoto/Agefotostock/Marka
S. 74 EyesWideOpen/Getty Images
S. 74-75 Harald Lueder/Agefotostock/Marka
S. 76 SuperStock/Agefotostock/Marka
S. 77 Photolibrary/Getty Images
S. 78-79 Photononstop/Tips Images
S. 79 Photononstop/Tips Images
S. 80-81 Franz-Marc Frei/Corbis

S. 81 Photononstop/Tips Images
S. 82-83 Photolibrary/Getty Images
S. 83 Reinhard Dirscherl/Visuals Unlimited, Inc./ Getty Images
S. 84 Paul Bernhardt/Alamy/Milestone Media
S. 84-85 Michael DeFreitas/Getty Images
S. 86 oben Simeone Huber/Getty Images
S. 86 unten Jon Sparks/Alamy/Milestone Media
S. 86-87 Jon Sparks/Alamy/Milestone Media
S. 88-89 Katja Kreder/Agefotostock/Marka
S. 89 oben F1online digitale Bildagentur GmbH/ Alamy/Milestone Media
S. 89 unten Stillman Rogers/Alamy/Milestone Media
S. 90-91 Zoonar Gmbh Lbrf/Agefotostock/Marka
S. 91 oben Siepmann/Agefotostock/Marka
S. 91 unten Siepmann/Agefotostock/Marka
S. 92 Photolibrary/Getty Images
S. 92-93 Photolibrary/Getty Images
S. 94-95 McPHOTO/Agefotostock/Marka
S. 95 Michel Renaudeau/Agefotostock/Marka
S. 96 oben Marcello Bertinetti/Archivio White Star
S. 96 unten Marcello Bertinetti/Archivio White Star
S. 96-97 Marcello Bertinetti/Archivio White Star
S. 98-99 JS Callahan/tropicalpix/Getty Images
S. 99 Morales/Agefotostock
S. 100 Michael Runkel/Corbis
S. 100-101 Photolibrary/Getty Images
S. 102-103 Robert van der Hilst/Corbis
S. 103 Robert van der Hilst/Corbis
S. 104 Walter Bibikow/Agefotostock/Marka
S. 104-105 Lee Frost/Getty Images
S. 106-107 Siegfried Layda/Getty Images
S. 107 ARCOB Liedke/Agefotostock
S. 108-109 Michael Runkel/Getty Images
S. 109 Angela Bellas/Alamy/Milestone Media
S. 110 Photolibrary/Getty Images
S. 110-111 Bertrand Rieger/Hemis/Corbis
S. 112 Jon Arnold Images/Corbis
S. 112-113 Jon Arnold Images/DanitaDelimont.com
S. 114-115 Steven Wares/Getty Images
S. 115 Jenny Fowler/World Pictures/Photoshot
S. 116-117 Johnny Haglund/Lonely Planet Images
S. 117 oben Michael Runkel/Corbis
S. 117 unten Michael Runkel Andaman Islands/ Alamy/Milestone Media
S. 118 Andrew Woodley/Alamy/Milestone Media
S. 118-119 Photolibrary/Getty Images
S. 120 Livio Bourbon/Archivio White Star
S. 120-121 Robert Harding/Getty Images
S. 122-123 Photolibrary/Getty Images
S. 124-125 Photolibrary/Getty Images
S. 125 Jon Arnold Images/DanitaDelimont.com
S. 126 Otto Stadler/Getty Images
S. 126-127 Jon Arnold Images/DanitaDelimont.com
S. 128-129 Photolibrary/Getty Images
S. 129 Imagebrokers/Photoshot
S. 130-131 Robert Harding Picture Library/Tips Images
S. 131 Imagebrokers/Photoshot
S. 132 oben Chan Shu Kai/Corbis
S. 132 unten Andy Selinger/Agefotostock
S. 132-133 Andy Selinger/Agefotostock
S. 134-135 Nico StengertNovarc/Agefotostock/Marka
S. 135 oben Photolibrary/Getty Images
S. 135 unten David Bowden/Agefotostock/Marka
S. 136 Gerth Roland/Agefotostock
S. 136-137 Raga Jose Fuste/Agefotostock
S. 138 Marcello Bertinetti/Archivio White Star
S. 138-139 Simon Laurence/Tips Images
S. 140 oben Photolibrary/Agefotostock
S. 140 unten Photolibrary/Getty Images
S. 141 Steve Vidler/Agefotostock/Marka
S. 142 oben Photolibrary/Getty Images
S. 142 unten Photolibrary/Getty Images
S. 142-143 Photolibrary/Getty Images
S. 144 Guido Alberto Rossi/Tips Images
S. 144-145 Bruno Morandi/Getty Images
S. 146 Photolibrary/Getty Images
S. 147 Christian Kober/John Warburton-Lee Photography Ltd/Corbis
S. 148-149 Stuart Dee/Getty Images
S. 149 Begsteiger/Agefotostock/Marka
S. 150-151 SuperStock/Agefotostock/Marka
S. 151 Richard Cummins/Lonely Planet Images
S. 152-153 Stephen Frink/Getty Images
S. 153 Patrick Ward/Corbis
S. 154-155 Chris Cheadle/Agefotostock
S. 155 Tom Salyer/Agefotostock
S. 156-157 Greg Johnston/DanitaDelimont.com
S. 157 Mark & Audrey Gibson/Agefotostock
S. 158-159 Corbis
S. 159 oben Burnett & Palmer/Agefotostock/Marka
S. 159 unten Kent Foster/DanitaDelimont.com
S. 160-161 Greg Johnston/DanitaDelimont.com
S. 161 Walter Bibikow/Agefotostock/Marka
S. 162 Author's Image/Tips Images
S. 162-163 DKAR Images/Getty Images
S. 164-165 Reinhard Dirscherl/Getty Images
S. 165 oben Doug Perrine/Getty Images
S. 165 unten Elizabeth Ruiz/epa/Corbis
S. 166-167 Axiom/DanitaDelimont.com
S. 167 Jon Arnold Images/DanitaDelimont.com
S. 168 Massimo Borchi/De Agostini Picture Library
S. 168-169 Image Source/Agefotostock
S. 170-171 World Pictures/Photoshot
S. 171 Greg Vaughn/Alamy/Milestone Media
S. 172-173 Gerry Ellis/Munden Pictures/Getty Images
S. 173 Rolf Hicker/Agefotostock/Marka
S. 174-175 Paul Thompson/DanitaDelimont.com
S. 175 Photolibrary/Getty Images
S. 176-177 DK Limited/Corbis
S. 177 Photolibrary/Getty Images
S. 178 oben Per Breiehagen/Getty Images
S. 178 unten International Photobank/Alamy/ Milestone Media
S. 178-179 Peter Griffith/Getty Images
S. 180-181 Photolibrary/Getty Images
S. 181 oben Sylvain Grandadam/Agefotostock
S. 181 unten Don Hebert/Getty Images
S. 182-183 Iconotec/Alamy/Milestone Media
S. 183 oben Walter Bibikow/AWL Images Ltd/Corbis
S. 183 unten Dave Bartruff/Corbis
S. 184-185 Neil Emmerson/Getty Images
S. 185 oben Medioimages/Photodisc/getty Images
S. 185 unten Altrendo travel/Getty Images
S. 186-187 Donatella Marmaggi/Agefotostock/Marka
S. 187 oben PetePhippTravelshots/Agefotostock
S. 187 unten Philip Coblentz/Getty Images
S. 188-189 Gavin Hellier/Corbis
S. 189 Robert Harding Productions/Getty Images
S. 190-191 Photononstop/Tips Images
S. 191 Philippe Michel/Agefotostock/Marka
S. 192 oben Walter Bibikow/Agefotostock/Marka
S. 192 unten Kelly-Mooney Photography/Corbis
S. 192-193 Walter Bibikow/Agefotostock/Marka
S. 194 Glowimages/Getty Images
S. 194-195 Ocean/Corbis
S. 196 oben Macduff Everton/Corbis
S. 196 unten Macduff Everton/Corbis
S. 197 Ian Cumming/Agefotostock/Marka
S. 198 oben LookImages/CuboImages
S. 198 unten SuperStock/Agefotostock/Marka
S. 198-199 Doug Pearson/AWL Images Ltd/Corbis
S. 200 Yann Arthus-Bertrand/Corbis
S. 200-201 Ocean/Corbis
S. 202 Axiom Photographic/Masterfile/Sie
S. 202-203 Christian Goupi/Agefotostock/Marka
S. 204 oben Yadid Levy/Agefotostock/Marka
S. 204 unten Tibor Bognar/Agefotostock
S. 204-205 PetePhippTravelshots/Agefotostock
S. 206-207 Norbert Probst/Agefotostock
S. 207 Manuela Kirschner/Agefotostock
S. 208 Jane Sweeney/Getty Images
S. 208-209 Roberto Rinaldi/Tips Images
S. 210 oben Jane Sweeney/AWL Images/Corbis
S. 210 unten Bertrand Gardel/Agefotostock
S. 210-211 Axiom Photographic/Design Pics/Corbis
S. 212-213 Reinhard Dirscherl/Agefotostock
S. 213 Photolibrary/Getty Images
S. 214-215 Michael DeFreitas Caribbean/Alamy/ Milestone Media
S. 214 links Ocean/Corbis
S. 215 rechts Peter Guttman/Corbis
S. 216 Jane Sweeney/Corbis
S. 216-217 Jane Sweeney/Getty Images
S. 218 oben Charles & Josette Lenars/Corbis
S. 218 unten Anne Rippy/Getty Images
S. 219 Abacana/AgenceImages/Getty Images
S. 220-221 Franco Banfi WaterF/Agefotostock
S. 221 Dorival Moreira/Getty Images
S. 222-223 João Vianna/Getty Images
S. 223 oben M&G Therin-Weise/Agefotostock
S. 223 unten Franco Banfi/Getty Images
S. 224-225 Manfred Gottschalk/Lonely Planet Images
S. 225 Pacific Stock/Tips Images
S. 226-227 James Watt/Panda Photo
S. 227 Casey & Astrid Mahaney/Lonely Planet Images
S. 228 Photolibrary/Getty Images
S. 228-229 Jean-Paul Ferrero/ardea.com
S. 230 Holger Leue/Lonely Planet Images
S. 230-231 Jean-Paul Ferrero/ardea.com
S. 232-233 William Robinson/Alamy/ Milestone Media
S. 233 Koolstock/Radius Images/Corbis
S. 234-235 Gunter Lenz/Agefotostock
S. 235 Ocean/Corbis
S. 237 Don Fuchs/Agefotostock
S. 238-239 Aaron S. Fink/Agefotostock/Marka
S. 239 Reinhard Dirscherl/Agefotostock
S. 240 Neil Rabinowitz/Corbis
S. 240-241 John Banagan/Lonely Planet Images
S. 242 Doug Perrine/naturepl.com/ Bluegreen Pictures
S. 243 Doug Allan/naturepl.com/Bluegreen Pictures
S. 244-245 Photolibrary/Getty Images
S. 245 R. Ian Lloyd/Masterfile/Sie
S. 246-247 Chad Ehlers/Tips Images
S. 247 oben Chad Ehlers/Agefotostock
S. 247 unten Dominic Harcourt Webs/Agefotostock
S. 248-249 Marcello Bertinetti/Archivio White Star
S. 249 oben Sylvain Grandadam/Agefotostock
S. 249 unten Holger Leue/Agefotostock
S. 251, 252, 252-253 Marcello Bertinetti/ Archivio White Star
S. 254 Holger Leue/Agefotostock
S. 254-255 Chad Ehlers/Getty Images
S. 256, 256-257, 258, 258-259, 260 Marcello Bertinetti/ Archivio White Star
S. 260-261 Mark Downey/Masterfile/Sie
S. 262 Robert Garvey/Corbis
S. 262-263 Jeff Sherman/Getty Images
S. 264-265 Douglas Peebles/Agefotostock
S. 266-267 Peter French/Getty Images
S. 267 oben John Elk III/Lonely Planet Images
S. 267 unten Antonio Attini/Archivio White Star

Umschlagvorderseite:
Traumstrand auf einer einsamen Insel nahe der Grenadinen in der Karibik. (Picture Alliance, Frankfurt a. M./Bildagentur Huber)

Umschlagrückseite, von links nach rechts:
Cala Feola auf Ponza (NicolaIacono/CuboImages), Bus unter Palmen auf Samoa (Peter Hendrie/Lonely Planet Images), Blick auf Capri (Marcello Bertinetti/Archivio White Star)

BRUCKMANN

Rechte der deutschsprachigen Ausgabe, 2. Auflage:

Titel der Originalausgabe: »80 ISOLE dove fuggire e vivere felici«
Erschienen bei WS Edizioni White Star®, Vercelli, Italien

Texte der Originalausgabe: Jasmina Trifoni
Bildunterschriften der Originalausgabe: Elena Brunoli
Übersetzung: Katharina Gewehr, Frankfurt a. M.
Korrektorat: Anke Höhne, München
Layout: Paolo Piacco
Satz und Herstellung: Roman Bold & Black, Köln
Umschlaggestaltung: Fuchs-Design, Sabine Fuchs, München
Produktmanagement: Stephanie Iber
Gesamtherstellung: GeraNova Bruckmann Verlagshaus GmbH

Die deutsche Nationalbibliothek verzeichnet diese Publikation
in der Deutschen Nationalbibliografie; detaillierte bibliografische
Daten sind im Internet unter http://dnb.ddb.de abrufbar.

ISBN 978-3-7654-5959-7